Universo dos Livros Editora Ltda.
Rua Haddock Lobo, 347 – 12°andar • Cerqueira César
CEP 01414-001 • São Paulo/SP
Telefone: (11) 3217-2603 • Fax: (11) 3217-2616
www.universodoslivros.com.br
e-mail: editor@universodoslivros.com.br
Siga-nos no Twitter: @univdoslivros

Marie Forleo

Deixe os homens aos seus pés

São Paulo
2011

UNIVERSO DOS LIVROS

Título original: *Make Every Man Want You: How to Be So Irresistible You'll Barely Keep from Dating Yourself!*

1ª Edição – 4ª Reimpressão

Diretor-Editorial: Luis Matos
Assistentes Editorial: Noele Rossi e Talita Gnidarchichi
Tradução: Caroline Furukawa
Preparação: Renata Miyagusku
Revisão: Guilherme Laurito Summa
Projeto Gráfico e Diagramação: Stephanie Lin e Fabiana Pedrozo
Capa: Sérgio Bergocce

Dados Internacionais de Catalogação na Publicação (CIP)
(Câmara Brasileira do Livro, SP, Brasil)

F722d   Forleo, Marie.

        Deixe os homens aos seus pés / Marie
Forleo. – São Paulo: Universo dos Livros, 2009.
192 p.

ISBN: 978-85-7930-070-7

1. Relacionamentos. 2. Autoestima.
3. Autoajuda. 4. Relações humanas. I. Título.

CDD 158.2

Este livro é dedicado a Josh.

Eu te amo.

Agradecimentos

Muito obrigada, querida leitora, por investir neste empolgante e poderoso guia para liberar sua irresistibilidade. Este livro foi escrito levando em consideração a sua magnificência.

Obrigada aos muitos professores e mestres que compartilharam de sua sabedoria em aulas, livros, programas de áudio, ligações telefônicas e almoços. Sou muito grata pela sabedoria que vocês me transmitiram e mantiveram viva ao longo de tantos anos.

Finalmente, agradeço muito à inestimável e amada comunidade de familiares, amigos, clientes e colegas, por me ouvirem, me apoiarem, me encorajarem e me reconfortarem. O meu agradecimento especial a Josh Pais, Ron Forleo, Miriam Forleo, Ronny Forleo, Kelli Dalrymple, Marc Santa Maria, Donna Cyrus, Fernanda Franco, Lenore Pemberton, Caitlin Ward, Roderick Hill, TAG Online, Lynne Klippel, Deborah-Miriam Leff, Bill Gladstone, Waterside Productions, John Aherne, McGraw-Hill, às meninas (Melissa, Ginger, Simone, Tracy, Semira, Michelle e Kristin), Monika Batista, Tuesday Night DTW Dancers, Crunch Dancers, Crunch Fitness, Joe Polish, Piranha Marketing, toda a Transformational Community, e, por último, mas não menos importante, a Ariel e Shya Kane – Amo todo vocês!

₰ SUMÁRIO

Prefácio 13

Parte 1   **Chaves de sucesso para deixar todos os homens (e todo mundo) aos seus pés**

Capítulo 1   Irresistibilidade 101 25

Capítulo 2   As cinco verdades que toda mulher irresistível deve saber 57

Capítulo 3   Os sete hábitos das mulheres não atraentes ou Obstáculos para deixar todos os homens aos seus pés............ 79

Parte 2   **Oito segredos para
magnetizar os homens**

Capítulo 4   Segredo nº 1: Mande as regras
para o inferno 101

Capítulo 5   Segredo nº 2: Jogue no lixo a sua
Receita do Homem Perfeito 107

Capítulo 6   Segredo nº 3: Homens X Mulheres –
Todo mundo sai perdendo! 113

Capítulo 7   Segredo nº 4: Seus pais não
erraram com você (e mesmo
que eles tivessem errado...) 121

Capítulo 8   Segredo nº 5: Pare de
contar histórias 129

Capítulo 9   Segredo nº 6: Pare de reclamar
e comece a se preocupar em como
e onde conhecer um monte de
homens 137

Capítulo 10   Segredo nº 7: Tenha uma vida própria
e cuide bem dela ou Como fazê-lo
desejá-la cada vez mais 143

Capítulo 11   Segredo nº 8: Embalagem perfeita
ou Como ser uma garota sensacional,
gostosa, sedutora e do tipo que
surpreende e faz os homens
quererem levá-la para casa 24 horas
por dia, 7 dias na semana 155

Parte 3   **Resumindo tudo**

Capítulo 12   21 respostas para seus piores
dilemas amorosos 171

Capítulo 13   E agora? 183

Recursos adicionais 187

Sobre a autora 189

E se eu lhe dissesse que, em cerca de uma hora, eu poderia fornecer informações sobre como se tornar uma mulher mais feliz, mais saudável e muito mais atraente em questão de minutos? E se eu lhe dissesse que essas mesmas informações poderiam transformar a qualidade da sua vida amorosa para sempre? E se eu lhe contasse o segredo de como se tornar irresistivelmente atraente, permitindo-lhe desfrutar de relações saudáveis e prazerosas sem ser manipuladora ou falsa? E se você não tivesse de ficar fazendo joguinhos, seguindo regras e sendo calculista para conseguir o que quer?

Você estaria interessada? Você passaria aproximadamente uma hora comigo? Você gostaria de ser tão irresistível a ponto de querer marcar um encontro com você mesma?

Se a ideia de ser autêntica, expressiva e irresistível lhe interessa – e eu espero que sim –, então você está no lugar certo. *Deixe os homens aos seus pés* foi feito para encorajar uma transformação completa na sua vida. Você descobrirá possibilidades jamais imaginadas no trabalho, no lazer, com a família e com os amigos – e tudo sem muito esforço da sua parte (não é o máximo?).

Você pode pensar sobre o título, *Deixe os homens aos seus pés*, e se perguntar: "Mas eu não quero que vários homens me desejem – um só já é o suficiente!". Bem, eu tenho que confessar que fiquei martelando na minha cabeça algum título intrigante que atraísse a sua atenção para a leitura deste livro. Veja, o que você aprenderá é uma nova abordagem radical de como ser completamente irresistível, por dentro e por fora, e como ter relações magníficas com cada pessoa da sua vida.

Parte do que você aprenderá será exatamente o oposto do que você acredita ou aprendeu sobre atração e relacionamentos no passado. Você tem de ter em mente que não estaria lendo este livro se as suas habilidades de se relacionar estivessem todas funcionando bem.

Aqui vai a minha primeira dica: quando alguma coisa não está indo bem na sua vida, admita que você está agindo baseada em informações erradas. Mas não se preocupe – isso não é um problema. Na verdade, é uma bênção! Isso significa que você tomou consciência de que está fora dos trilhos e já deu o primeiro passo para corrigir a rota.

Com uma mente aberta e disposição para ter um estilo de vida irresistível, você está prestes a descobrir um mundo novo de amor, relacionamento e parceria autêntica do tipo "eu não acredito que seja tão bom", que está disponível e esperando por você.

Como aproveitar este livro ao máximo

Este livro foi elaborado para esclarecer, entreter e transformar. Quando apropriado, eu incluí algumas questões para discutir e incentivar conversas e desafios de ações irresistíveis para ajudá-la a implementar este material e criar uma mudança duradoura e significativa na sua vida.

Lembre-se, ler e entender algo está há anos-luz de realmente fazer alguma coisa. Eu poderia ler o título *Como escrever um livro de autoajuda* o dia todo e entender que eu preciso ter uma ideia, fazer um esboço, ter um computador e uma impressora. Mas se eu não me sentar e realmente escrever, aquele livro de autoajuda nunca existirá! O mesmo se aplica a você, querida leitora. Você deve praticar como ser irresistível se realmente quer deixar todos os homens aos seus pés. Intelectualizar não é o suficiente.

Este livro é sobre usar a consciência para dissipar sem esforço prévias tendências e comportamentos inconscientes que sabotam seus relacionamentos. De acordo com a minha experiência, quando você toma consciência de algo que está atrasando a sua vida e simplesmente nota isso – sem julgar a si mesma –, aquele velho hábito pode se dissipar sozinho. A consciência sem julgamento facilita a resolução sem esforço. Perceber já é o suficiente. Quando você percebe sem julgar, você está impedindo que a sua mente condicionada a iluda.

Essa abordagem não é sobre estabelecer uma meta para ser quem você acha que deveria, uma melhor e mais irresistível você. Quando você se dispõe a ser melhor ou se aprimorar, duas coisas acontecem. Primeiro, você declara ao universo que está arrasada e precisa se recuperar. Isso a mantém fechada e em um estado mental vicioso de insatisfação, pensando "Eu ainda não sou boa o suficiente". Segundo, você resistirá de forma semelhante àqueles hábitos ou tendências que a sua mente considera "maus" e, (como você aprenderá) como tudo a que resistimos persiste, aqueles hábitos tendem a permanecer. Quer uma prova? É só contar quantas vezes você determinou metas no Ano-Novo e não as cumpriu, então verá que a abordagem "seja uma você melhor" não é extremamente eficiente.

Você pode estar pensando: "Eu estou confusa. Como posso notar algo que estou fazendo para conseguir seguir meu próprio caminho sem julgar, ou como posso declarar ao universo algo que está errado comigo?".

Aqui está a resposta: adote uma suave abordagem inquisitiva de autodescoberta. Seja inocentemente curiosa. Quando você notar algo sobre si mesma, diga: "Oh, interessante!" ou "Nossa! Olha isso!". Você consegue notar como você atua sem uma programação toda para melhorar a si mesma? Pare de pressionar a si mesma para incorporar algum padrão ilusório e idealizado que criou mentalmente de uma "você perfeita". Apesar do que as pessoas acreditam, você pode investir totalmente em crescimento e aprendizado sem ter qualquer problema subjacente para resolver.

Por exemplo, eu sei que sou uma boa dançarina e estou sempre querendo expandir minhas habilidades. Quando descubro um novo passo de dança desafiador, investigo para ver se há algo que eu esteja fazendo (ou não) para impedir que eu "consiga" realizar o passo. Tento coisas diferentes com o meu corpo. Peço ajuda a outros dançarinos ou professores. Estou verdadeiramente interessada em ver, crescer e aprender. Algumas vezes "descubro" por meio da minha própria exploração; outras vezes um amigo dançarino me aponta o que eu não consigo ver sozinha. Então eu digo "Oh! Agora entendi... Obrigada.". E isso é o suficiente. Transformação. Expansão. Crescimento. E tudo feito com um espírito de autodescoberta – não de autorreprovação.

A maneira mais rápida de obter resultados neste ou em qualquer outro programa é unir forças com outras pessoas. Inúmeros estudos provam que aquelas pessoas que se exercitam com parceiros tendem a perder peso mais rapidamente, mantêm-se em forma por mais tempo e sentem-se mais satisfeitas e apoiadas no processo. Ficar irresistivelmente "em forma" não é diferente. Quando você está em contato com outras pessoas, você elimina comportamentos indesejados mais rapidamente, mantém-se fiel a si mesma com muito mais consistência e toma consciência de um grande sentimento de amor e apoio ao longo do caminho. (Quer se juntar à comunidade "Deixe os Homens aos seus Pés" gratuitamente? Visite o site www.makeeverymanwantyou.com/secrets, para se inscrever agora mesmo!)

Fale sobre o que você aprende com amigas, irmãs, irmãos, colegas de trabalho, mães, instrutores – quaisquer pessoas com quem você sinta uma ligação especial. A magia produzida quando duas ou mais pessoas se unem para compartilhar um sonho é fantástica.

Este livro é seu! Use-o completamente. Experimente esses conceitos... Complete todos os exercícios. Experimente e descubra a sua verdade. Permita que a magia dessas páginas apoie a expressão do poder, o encantamento e a sensualidade que você tem por dentro.

O mundo precisa que essa mulher esperta, engraçada e linda de morrer se solte. É uma grande honra eu poder lhe mostrar o caminho. Vamos lá!

A história do livro *Deixe os homens aos seus pés*

Deixe os homens aos seus pés começou como um projeto de e-book há sete anos. Eu tinha vinte e poucos anos, era noiva e vivia com o meu noivo em um apartamento apertado de um quarto em West Village, na cidade de Nova York. Estava começando a minha vida na área de *coaching* depois de abandonar o emprego em Wall Street com moda e propaganda; estava, também, ansiosa para escrever um livro e começar a imprimir a minha marca no mundo. Que tópico seria melhor do que – você adivinhou – mulheres e relacionamentos? Só tinha um pequeno problema: o meu próprio relacionamento.

Ali estava eu – uma mulher jovem, atraente, com sucesso, um grande anel de brilhantes no dedo, contas bancárias conjuntas, um noivo bonito e gentil e um grupo de amigos e familiares que aguardavam ansiosamente por um casamento –, mas tudo que eu conseguia pensar era em como me livrar de tudo aquilo. Como eu poderia promover um livro sobre relacionamentos quando o meu próprio relacionamento estava balançando? Eu simplesmente não conseguia fazer isso... O e-book *Deixe os homens aos seus pés* foi retirado da Internet e armazenado em um disco rígido.

Lá no fundo eu sabia que precisava terminar o noivado, mas durante seis longos meses fiquei muito apavorada para conseguir fazer isso. O que eu diria? Onde eu moraria? O que aconteceria com a minha carreira? O que os meus pais iam pensar de mim? O que todo mundo ia pensar de mim? O que eu deveria pensar de mim?

Com o passar dos dias, a mentira que eu estava vivendo foi crescendo e tinha se tornado mais dolorosa e opressora. As brigas entre mim e meu noivo aumentaram até que se tornou quase insuportável ocuparmos o mesmo espaço. Então, em uma manhã tudo mudou. Acordei e pensei: "Isso não pode continuar assim nem por mais um segundo. Eu preciso acabar com isso agora mesmo. Minha vida depende disso!". Não consigo lembrar exatamente o que eu disse, mas sei que assim que as palavras: "Está tudo acabado!" saíram da minha boca, senti uma onda de alívio e liberdade que nunca havia sentido antes. Claro, choramos quando devolvi o anel, mas, no fundo, isso foi a melhor decisão para nós dois.

A partir desse momento, as coisas nunca mais foram as mesmas. É como se a minha alma tivesse sido "recalibrada" quando eu encontrei coragem para falar a minha verdade. Comecei a investir em seminários de crescimento pessoal e fiz tudo que eu podia para descobrir o que deveria fazer para levar uma vida autêntica e excelente de verdade. Estava particularmente interessada em saber como ter relacionamentos que funcionassem e como ficar satisfeita e realizada com uma base consistente. Li toneladas de livros, fui a milhares de palestras e workshops e contratei os melhores professores que pude encontrar. O que aconteceu a seguir foi absolutamente sensacional!

Minha vida, que nunca foi ruim, começou a se transformar em algo completamente mágico. A partir de uma vontade genuína de investigar como estava operando minha vida e identificar a minha participação nas coisas, todo o sucesso pessoal e profissional que tinham me iludido por tanto tempo finalmente fizeram sentido.

Primeiramente, encontrei um homem incrível chamado Josh, com quem firmei um relacionamento sério. Ele é como um sonho que se tornou realidade (verdade seja dita... Ele é melhor que isso!). Ele é criativo, apoia-me em tudo que faço, é honesto, é um homem de sucesso, adorável e engraçado além da conta. Segundo, um sonho aparentemente impossível que tive durante muito tempo também se tornou realidade (e muito rapidamente, devo acrescentar). Desde criança meu sonho era ser dançarina. Nunca tive uma formação profissional e achava que era muito velha para começar aos 26 anos. Bem, depois de alguns meses que tive a minha primeira aula, comecei a ensinar, e logo depois fui contratada pela MTV como coreógrafa, produtora e dançarina. Não muito depois eu estava ensinando e me apresentando internacionalmente e, desde então, dou aulas, workshops e faço eventos especiais para ensinar centenas de homens e mulheres no mundo todo. Eu trabalho regularmente com revistas maravilhosas como a *Self Magazine*, *Women's Health* e *Prevention* e as organizações Crunch Fitness e Nike. Na época em que escrevi este livro, criei e atuei em quatro DVDs de dança e ginástica que foram campeões de vendas, e tenho orgulho de ser atleta de elite e instrutora Master da Nike.

Há cerca de um ano, pensei: "Uau... Essa coisa de investigar a vida realmente funciona!". Pela primeira vez na vida tive um senso autêntico de clareza e conscientização. Animada por compartilhar o que descobri e experimentei, reenergizei a minha prática de gerenciar a vida real. Meus clientes começaram a ter sucesso e satisfação como nunca, e eu sabia que havia chegado o momento de escrever uma versão nova e aprimorada do *Deixe os homens aos seus pés.*

Tudo que eu descobri, tudo que mudou a minha vida tão drasticamente – especialmente a minha habilidade de ter relacionamentos que realmente funcionassem –, você aprenderá a usar para si mesma neste livro. Mas espere, porque isso vai ficar ainda melhor.

Os mesmos princípios que transformam sua vida amorosa irão se espalhar por todas as áreas da sua vida. Sua carreira, finanças, saúde e sensação de bem-estar, assim como seus relacionamentos com a família, amigos e colegas. Tudo isso ficará mais forte e mais satisfatório do que você possa imaginar. Eu fiz o meu melhor para não deixar nada de fora porque quero tornar a sua transformação irresistível tão fácil e simples quanto possível. Então, você está preparada? Chegou a hora da sua primeira lição: Irresistibilidade 101.

PARTE 1

Chaves de sucesso para deixar todos os homens (e todo mundo) aos seus pés

Se você possui conhecimento, deixe os outros acenderem suas velas nele.

Margaret Fuller, escritora e filósofa

Capítulo 1

Irresistibilidade 101

Dê o primeiro passo acreditando no que está fazendo. Você não precisa ver a escada. Apenas dê o primeiro passo.

Dr. Martin Luther King, Jr.

Você já sentiu como se tivesse nascido para ser grande? Quando era uma garotinha, você sabia que tinha algo especial para fazer no mundo? Muitas de nós perdemos o contato com os nossos extravagantes sonhos femininos de grandeza para adotar uma aspiração pelo sucesso masculino. Sem nem mesmo saber disso, nós assumimos uma missão: provar que podemos fazer qualquer coisa tão bem, ou melhor, que os homens. Nós estamos tão desesperadas em alcançar o que imaginamos que nos tornará iguais e felizes (uma carreira de sucesso, um casamento, família, filhos) que nos esquecemos de quem realmente somos: seres brilhantes, sexys e mágicos como nenhum outro.

Nós esquecemos que o nosso poder não está em competir com os homens ou tentar ser como eles, mas em incorporar nossas forças naturais e femininas de compaixão, encantamento e ternura. Nós temos o poder de cura intuitiva e somos mestras no amor. Nossos corações são repletos de emoção e nós tecemos uma ampla teia para a verdade espiritual. Nossa sexualidade e malícia femininas inspiram, animam e fortalecem. Nós somos seres admiráveis!

O mundo está extremamente carente de mulheres irresistíveis: mulheres que são animadas, vivas e expressivas – independentemente das circunstâncias; mulheres que não têm medo de falar as suas verdades ou dizer o que acreditam; mulheres que se sentem à vontade por serem inteligentes, sensuais e compassivas, tudo ao mesmo tempo; mulheres que não competem, não se humilham, ou não lutam contra os homens (ou outras mulheres), mas que veem cada um como eles realmente são – seres humanos companheiros que viajam juntos em busca de uma grande vida, à procura de amor.

Vamos encarar isso de frente: amor é o que nós realmente queremos. Embora nos esforcemos para ter roupas e um cabelo bonito, um corpo em forma, um bom relacionamento, o que realmente queremos é saber se alguém nos ama, assim o resto fica tudo bem.

Quer saber? Você é amada e está bem agora. Tudo mais é uma ilusão. Preocupação, remorso e ansiedade são construções evocadas pelas nossas mentes para nos distrair da percepção aterrorizante que está por trás de tudo isso: nós simplesmente estamos bem. Quando relaxamos e aceitamos que está tudo bem conosco, libertamos a nossa irresistibilidade. Nossos corações voltam a sonhar e nossos espíritos ficam livres para voar novamente. Sem tanta energia estagnada nessas neuroses imaginadas, temos tempo e energia para nos empenhar de novo no propósito de fazer uma diferença no mundo. Você é uma mulher extraordinária! Você tem um propósito neste mundo, então não adianta se esconder atrás de uma história fictícia de que você está arrasada ou incompleta, porque você não está. O mundo precisa de você. Ele precisa daquele algo especial que você sabia que tinha desde que era apenas uma garotinha.

Reivindicar a sua irresistibilidade é a chave para usar todo seu potencial como mulher e ser humano. Esse é o segredo para conseguir causar o impacto que você deseja. As mulheres que incorporam a sua irresistibilidade tocam o coração do mundo.

Aproveite completamente suas energias femininas assim como as suas energias masculinas. Nós todas temos um pouco de cada e integrá-las de forma equilibrada é a chave para libertar nosso potencial completo como ser humano. Siga tanto quanto lidera. Ajude tanto quanto comanda. Dance com o fluxo sempre mutante de energias masculinas e femininas dentro de você e permita que a plenitude de sua glória como uma mulher irresistível seja exibida em tudo o que você faz. Seu lado feminino é mais atraente do que você possa imaginar. Sua ternura e vulnerabilidade são magníficas. Você é uma mulher irresistível! Tenha orgulho disso. Esteja você na sala da diretoria da empresa, no quarto, no campo de batalha ou no mercado, nosso mundo necessita de mulheres irresistíveis agora mais do que nunca. Nossos filhos necessitam delas. Nossos negócios necessitam delas. Nossas escolas necessitam delas. Nossos governos necessitam delas. O mundo precisa que você reivindique seu brilho e o compartilhe. Permita que a sua vida seja um exemplo de quão glorioso é ser uma mulher irresistível.

A Irresistibilidade 101 tem por base uma vida vibrante, relacionamentos mágicos e, claro, ser autenticamente irresistível. O propósito deste capítulo é abrir a nossa mente para novas possibilidades e maior consciência pessoal. Consciência é a chave que lhe permite parar automaticamente de fazer coisas para afastar os homens de você e naturalmente começar a fazer coisas que permitam ter relacionamentos satisfatórios. Domine isso e você notará que todos os homens, mulheres, crianças, animais de pequeno ou de grande porte, montes de pó ou qualquer coisa que se mova acharão praticamente impossível resistir a você.

Sua irresistibilidade está no momento presente

Respire fundo e deixe os ombros caírem para trás. Relaxe o maxilar e aproveite o momento. Permita-se simplesmente estar aqui. Esqueça a sua lista de coisas para fazer. Livre-se dos pensamentos a respeito do que você vai fazer para o jantar ou os arrependimentos pelo que você não conseguiu fazer no trabalho hoje.

Sua habilidade de ser completamente irresistível e deixar todos os homens aos seus pés está no momento presente. Quando você está completamente presente (ou seja, quando toda a sua atenção está voltada para "o agora"), você acessa a fonte infinita de beleza e vivacidade inerente a toda criatura vivente no planeta. Você se torna integrada à inteligência cósmica e à magnificência atemporal de tudo que existe.

Em um nível psicológico, estar presente significa que você interrompe o ócio mental e empenha sua mente, corpo e alma ativamente em qualquer coisa que esteja fazendo neste momento. Você liberta os pensamentos sobre o passado e as preocupações sobre o futuro e volta toda a sua atenção para qualquer coisa ou pessoa que esteja diante de você neste momento. No contexto deste livro, estar presente significa direcionar a sua total e completa atenção a "ouvir" as palavras nas páginas assim que as ler.

Abstenha-se da tentação de comparar este livro com outros de autoajuda que você tenha lido, ou de ficar se perguntando se ele funcionará ou não para você. Todo esse caráter mental afasta você do momento em que está vivendo e a impede de desfrutar da sua irresistibilidade. Ouvir essa conversa que você tem consigo mesma é o que, a princípio, faz com que você se perca e fique confusa.

Aqui está uma pitada de sabedoria que pode transformar a sua vida em um instante. Pronta? *Você não é a sua mente.*

Você tem uma mente, mas você não é a sua mente. Você também não é a conversa que você tem consigo mesma mentalmente. Você pode estar pensando: "Que conversa? Do que ela está falando?". *Daquela conversa!*

Claro que você deve estar pensando: "Muito bem, então quem *sou eu*?". Você é um ser glorioso por trás da sua mente. Você é a consciência, a observadora, a ouvinte. Você é a consciência inteligente, elegante, generosa e adorável que sabe exatamente do que estou falando agora.

Saiba de uma coisa: sua irresistibilidade é maior quando você está presente e livre de sua tagarelice mental. Isso acontece porque a plenitude e a glória da sua existência estão sendo demonstradas. Sua existência é seu "eu" sublime e a maior expressão de quem você é. Ele é atemporal, belo, cheio de amor, compaixão, bondade e sensualidade. Ele não precisa de nada e não procura aprovação. Isso é o que você realmente é acima de toda preocupação, inquietação e medo.

Sua mente, por outro lado, é uma máquina baseada no medo passado/futuro que está relacionado primariamente com a sobrevivência. Ela está sempre comparando, analisando, esquematizando e falando com você sobre o que precisa fazer para poder se tornar melhor, mais bonita, ter mais sucesso e ser mais atraente. A mente geralmente não apoia a sua irresistibilidade. Ela gosta de apontar os seus erros e o quanto você é má, sem atrativos, gorda, idiota, velha ou inconveniente. (A propósito, nenhuma dessas coisas que a sua mente fala é verdadeira; mas, a menos que você se torne consciente de que você não é a sua mente, você acredita que é verdade).

A verdade real é que não importa quantos erros você cometeu no passado ou quantos relacionamentos não funcionaram. E também não importa quanto você pesa, quantos anos você tem ou o que faz da vida. Você pode ser absolutamente irresistível começando agora mesmo. O restante deste livro irá lhe mostrar como fazer isso.

Tudo é como deveria ser

Não há coincidências. O que você tem na sua vida foi você quem atraiu para si mesma, consciente ou inconscientemente. Tudo é exatamente como deveria ser. Cada alegria, desafio, oportunidade e circunstância – incluindo o fato de você estar lendo este livro – é exatamente o que você precisa para satisfazer sua evolução pessoal irresistível. Nada disso é coincidência.

Muitas mulheres lutam contra o que acontece em suas vidas, como se elas devessem ser diferentes. Elas não admitem que quando alguém luta contra o momento presente, na verdade está lutando contra o universo inteiro. Essa batalha constante de resistência é mortal para a nossa irresistibilidade. Cada desapontamento, raiva, dor, tristeza e desarmonia que experimentamos é resultado de nossa resistência, ou nossa discordância acerca de algum aspecto atual de nossa vida.

Por outro lado, quando nós paramos de resistir ou discordar do que a vida está nos mostrando, e verdadeiramente nos rendemos ao fato de que tudo é como deveria ser, voltamos a ficar em sincronia com o universo e ter um acesso instantâneo a um poder pessoal maior e a uma clareza e irresistibilidade autênticas.

É importante notar que o entendimento de que "tudo é como deveria ser" não significa que você vai se virar e se fazer de morta, vai permanecer em um relacionamento abusivo ou sem amor, ou vai se tornar complacente. Reconhecer a realidade lhe fortalece. Isso coloca você na condição de condutora do ônibus da sua vida e dá a partida.

A prática de reconhecer a realidade é chamada de assumir a responsabilidade pela existencialidade. Em outras palavras, ter mais interesse pela realidade, ou pelo que "é", em vez de reclamar ou desejar que as coisas fossem diferentes. (Nota: a noção de existencialidade tem sido mencionada em tudo, desde religião e espiritualidade a autoaprimoramento e ciência. Embora eu não tenha criado o conceito, eu o considero incrivelmente útil, como você verá.)

Resumindo, aqui está o que assumir a responsabilidade pela existencialidade significa: levar a sua vida com entusiasmo exatamente da forma como ela é, independentemente de seus gostos e antipatias, suas preferências, ideias, crenças e opiniões sobre como as coisas deveriam ou poderiam ser. Isso permite incondicionalmente que as coisas sejam da forma como são para você. Quando você lida com o que é, ou com sua existencialidade, então pode escolher quem você gostaria de ser em relação a isso. Assumir a responsabilidade pela sua existencialidade é o segredo para se tornar poderosa e ter magnetismo na vida. Quando você se empenha na vida exatamente como ela é – não como você preferiria que ela fosse –, acaba não sendo mais refém de suas próprias circunstâncias ou sendo vitimada pelo mundo. Aqui está um exemplo: vamos dizer que você está parada no trânsito e deu uma pane no motor do seu carro. Esse momento é a sua existencialidade. Claro que você preferiria não estar parada no trânsito, mas é o que acontece. Você tem duas escolhas: ou se queixa e reclama disso (isto é, resiste à sua existencialidade) ou se rende (assume a responsabilidade pela sua existencialidade) e aproveita o momento. Aproveitar pode ser ouvir o rádio e se divertir com as suas estações preferidas (o que eu chamo carinhosamente de "dançando no carro"), ouvir CDs de desenvolvimento pessoal ou educacionais, fazer telefonemas que precisam ser feitos, ou simplesmente sentar e relaxar. O que eu acho bastante interessante é que, com muita frequência, quando eu me rendo de verdade ao trânsito, não apenas a minha frustração passa depressa, mas o trânsito também começa a se mover rapidamente.

Advertência importante: você não pode praticar o ato de assumir a responsabilidade pela sua existencialidade como uma manipulação para resolver uma situação. Você tem que realmente tentar fazer isso. Somente assim a mágica acontecerá. Entender essa verdade universal é essencial para o método de *Deixe todos os homens aos seus pés*, porque essa é a sua porta de acesso ao completo desabrochar pessoal.

⟲— QUESTÕES PARA DISCUSSÃO —⟳

1. Você já notou que quando resiste à sua existencialidade, o resultado é sempre uma frustração? Você consegue perceber que ficar lutando contra isso vai apenas gerar dor e sofrimento, especialmente para você?

2. Como a sua vida poderia mudar se você assumisse a responsabilidade pela sua existencialidade o tempo todo? Você acha que seria mais ou menos amada? Mais ou menos eficiente? Mais ou menos irresistível?

3. Como está o seu relacionamento neste momento? Não o que deveria ser, se os dois parassem de discutir, ou se ele tivesse mais dinheiro, mas o que é agora. Você consegue se soltar e começar a amar? Que tipo de impacto a compaixão teria em seu relacionamento?

4. Você está querendo trocar a frustração e a raiva por uma nova possibilidade? Quanto você permitiria à sua vida ser boa?

Desafio da Ação Irresistível

Durante as próximas 24 horas, assuma total responsabilidade pela sua existencialidade. Não importa o que aconteça – se a sua impressora quebrar, se o seu encontro for cancelado, se o avião estiver atrasado por mais de duas horas –, finja que você quis que isso acontecesse. Você pode até dizer "E isso é o que eu quero!" depois de qualquer circunstância à qual a sua mente queira resistir. Por exemplo: Você está esperando há 45 minutos pelo atendente da operadora de telefone celular. Então pense: "Hum, eu estou esperando há 45 minutos... e isso é o que eu quero!". Então, o sinal fica fraco e a ligação cai bem na hora que você ia falar com um funcionário do atendimento ao cliente. Pense: "Hum... caiu a ligação... e isso é o que eu quero.". Embora possa se sentir meio maluca no começo, esse exercício não irá apenas fazê-la rir – ele irá ajudá-la a se tornar consciente de todas as formas que você resiste à sua existencialidade e inconscientemente gera sofrimento, frustração e tristeza na sua vida.

De onde vêm as suas ideias

Quando criança, eu adorava música. Uma canção que me traz recordações profundas é a de um cantor chamado Falco. Ele tinha uma melodia muito cativante que me fazia cantar e dançar pela casa. Aos nove anos, eu gostava principalmente do forte sotaque estrangeiro que ele tinha e do fato de ele cantar sobre batatas quentes (uma escolha estranha, mas veja, eram os anos 1980 e ele era austríaco). Era alguma coisa parecida com:

"Batatas quentes, batatas quentes, ba-ta-tas quentes, batatas quentes, batatas quentes – ah ah ah, batatas quentes...". A música tinha um som de funk eletrônico e, no verão de 1985, eu a achava o máximo. Voltando a fita para os meus nove anos, eu estava assistindo um programa especial na MTV sobre as "Melhores músicas dos anos 1980" quando eles anunciaram que o Falco era o próximo. "Legal", eu pensei, "finalmente vou ver porque esse cara canta sobre batatas quentes".

Bem, para a minha surpresa e vergonha, a música não tinha nada a ver com batatas. A música se chamava *Rock Me Amadeus*. Aos nove anos, eu nunca tinha ouvido falar de Mozart – isso ainda não fazia parte do meu vocabulário. Minha mente jovem se utilizou de algo que me soou familiar (batatas quentes) e até que tivesse aprendido de outra forma, eu acreditava que a música do Falco era sobre tubérculos cozidos.

A intenção dessa história simples é ilustrar que tudo o que sabemos é simplesmente uma coleção de pensamentos e informações que absorvemos ao longo da vida. A maioria de nós nunca investiga se aqueles pensamentos e informações estão realmente corretos. Quando se trata de homens e relacionamentos, a maioria de nós absorveu ideias que não são apenas inexatas, mas que literalmente sabotam a nossa habilidade de aproveitar uma vida amorosa satisfatória e saudável. Vamos encarar isso: nossos pais provavelmente faltaram a uma aula que se chamava "Como ter relacionamentos maravilhosos". E os nossos avós? Eles cursaram "Relacionamentos amorosos e duradouros 101"? Eu duvido. Eles aprenderam com os pais deles, que aprenderam com os pais deles, e assim por diante, com todos os seus antepassados.

Não é sua culpa nem de ninguém que esteja agindo baseada em alguma informação equivocada sobre relacionamentos que vêm sendo transmitida desde o início dos tempos, mas é responsabilidade sua dar um passo à frente e usar o que funciona agora. Como Maya Angelou diz: "Agora que você sabe mais, vai se sair melhor".

Investigue seu pensamento-problema

O primeiro passo para se livrar de um pensamento-problema é admitir que você tem um problema. Bem, a maioria das mulheres, inclusive eu, tem alguma forma de "pensamento" problemático – especialmente quando se trata de homens e relacionamentos. Nós pensamos demais, e muito do que pensamos é repetitivo, ilusório, deprimente e tóxico. Então o primeiro passo para se livrar do seu pensamento-problema é admitir que você tem um.

Dizem que os seres humanos têm aproximadamente 50 a 60 mil pensamentos por dia e 95% deles são os mesmos do dia anterior, o que significa que inconscientemente estamos nos alimentando da mesma informação imprecisa repetidas vezes. Não me surpreende que nada pareça mudar.

Uma saída é a conscientização, o desejo de investigar como a sua mente e o seu sistema de crenças estão atualmente configurados com relação a homens e relacionamentos. Em primeiro lugar, identifique em que você acredita e por quê. Pergunte-se: "Quem colocou esse pensamento aí? Quem disse isso? Isso está servindo para mim?". Em relação a essa última pergunta, a minha resposta, na maioria das vezes, é não.

Agora vamos investigar o que você sabe sobre relacionamentos. Como descobrimos antes com a minha música das "batatas quentes", muito do que acreditamos ser verdade é simplesmente uma velha coleção de pensamentos reunidos por uma versão mais jovem, porém menos experiente, de nós mesmas.

Quando se trata de homens e relacionamentos, nossas ideias geralmente foram consolidadas durante uma situação de desapontamento como um rompimento de namoro, por exemplo.

Ideias como:

- Eu não posso confiar nos homens.
- Eu não sou bonita/magra/talentosa/engraçada o suficiente.
- Todos os homens são safados.
- Relacionamentos são muito difíceis.
- Eu nunca vou encontrar alguém.

É em situações de decepção que tomamos decisões mentais que limitam o que é possível fazermos no futuro. O problema é que, embora sigamos adiante no tempo, geralmente nos esquecemos das decisões tomadas, aquelas velhas decisões que nos impedem de nos sentirmos completamente vivas e capazes de nos conectarmos em nossos relacionamentos de verdade. Como um computador velho, nossas mentes estão com os softwares desatualizados. Investigar o nosso pensamento-problema é como fazer uma atualização de software mais que necessária. Quando olhar, você verá que as informações que as nossas mentes contêm – especialmente sobre homens e relacionamentos – não estão apenas desatualizadas, mas são complemente contraditórias ao que dizemos e queremos agora. Veja você mesma. Complete rapidamente as seguintes frases:

Amor é _____.
Homens bons são _____.

Eu aposto que você deu algumas respostas automáticas como "cego" e "difíceis de encontrar". Mesmo que você não acredite nessas afirmações, como as funções de autocompletar dos nossos computadores, nossas mentes automaticamente "preenchem os espaços vazios" baseadas na informação com que as alimentamos ou ouvimos antes. Se você quer deixar todos os homens aos seus pés, você tem que tomar consciência de seu pensamento-problema e resolvê-lo. Continuar alheia a respeito das ideias antigas que estão armazenadas na sua mente só lhe mantém presa ao passado e fora do presente, onde mais possibilidades de realização e de relacionamentos expansivos existem.

Desafio da Ação Irresistível

Quais são as ideias sobre amor, homens e relacionamentos que você tem como "verdadeiras"? Que tipo de coisas a sua família e os seus amigos lhe disseram? Quais decisões anteriores sobre homens ou relacionamentos você tomou durante uma experiência triste? Pense durante alguns minutos e escreva o que você acredita ser "a verdade".

Agora, pergunte-se: quantos anos você tinha quando teve aquela ideia pela primeira vez? Ela ainda funciona? O quanto você deseja resolver o seu pensamento-problema e conseguir alcançar a sua irresistibilidade?

Ser irresistível requer responsabilidade pessoal

Responsabilidade pessoal significa se responsabilizar pelas consequências daquilo que você faz ou daquilo que não acontece na sua vida. Mais especificamente, responsabilidade significa que você tem a habilidade de responder à sua vida em vez de reagir automaticamente. Muitas de nós se comportam como robôs, agindo mecanicamente por meio de padrões habituais de autopiedade, opressão, ressentimento e pensamentos fantasiosos. Em vez de descobrir quem nós somos agora, ou com quem estamos agora, nós REagimos ou agimos novamente, baseadas em como reagimos em eventos semelhantes no passado.

As mulheres geralmente descarregam raivas e ressentimentos passados em pessoas com quem geralmente estão se relacionando. Isso sempre inclui queixas contra ex-namorados, maridos, chefes e, particularmente, queixas contra o pai.

Esse comportamento automático acaba com a nossa irresistibilidade. É por isso que muitas mulheres continuam tendo o mesmo tipo de relacionamento; a única coisa que muda é os homens com quem elas se relacionam. Elas literalmente estão mantendo a mesma reação aos hábitos antigos e robóticos, portanto, acabam gerando resultados semelhantes e indesejáveis com seus parceiros. Em vez de assumir a responsabilidade e investigar como elas estão agindo e o que estão fazendo (ou não), elas acham mais fácil culpar o "homem errado" ou o "azar".

Ser pessoalmente responsável permite que você refaça a sua programação mental até que consiga realmente começar a responder à sua vida adequadamente em vez de reagir de forma mecânica como você fazia no passado. Este é um jeito incrivelmente estimulante de viver. Com responsabilidade pessoal, você consegue controlar satisfatoriamente a sua vida. Você pode se libertar dos padrões cíclicos de vida e impactar de maneira pró-ativa a qualidade e a existência de seus relacionamentos.

O primeiro passo na direção da responsabilidade pessoal é se conscientizar a respeito de como você age em sua vida. Isso significa ser investigativa, observadora e não julgar. Ariel e Shya Kane, autores reconhecidos internacionalmente e grandes palestrantes, bem como grandes amigos meus, ensinam uma maneira incrivelmente fácil e eficaz de fazer isso. Eles dizem para a pessoa fingir que é uma antropóloga estudando uma cultura de uma única pessoa: você.

Os Kane encorajam uma abordagem antropológica da vida. Os antropólogos simplesmente observam o que as coisas são. Eles olham e contemplam sem acrescentar comentário ou julgamento. Por exemplo, um antropólogo nunca diria "Aqueles selvagens loucos realizam umas danças do fogo ridículas em horas impróprias". Um antropólogo simplesmente observaria: "O povo indígena realiza rituais de fogo às três horas da manhã".

Se quer ser irresistivelmente atraente, você tem de observar a si mesma sem emitir julgamento. Simplesmente observe o que você faz. Quando você julga, repreende, critica, reclama ou acrescenta comentários de suas próprias observações, você na verdade consolida velhos comportamentos.

Há uma lei na física que afirma: para cada ação, há uma reação igual e oposta. Em outras palavras, ao que nós resistimos, persiste. Julgar, repreender, criticar e reclamar são formas de resistência. Elas são uma declaração sem neutralidade que age como cola e gruda você a comportamentos-padrão indesejados. Quando você simplesmente observa o que faz em vez de julgar ou criticar a si mesma, uma transformação mágica pode acontecer instantaneamente. Você não mais será movida pelos comportamentos habituais que acabam com a sua atração e irresistibilidade e causam o fracasso dos relacionamentos. Isso acontece porque o que você olha sem julgar desaparece.

Olhar para algo sem julgar é uma atitude neutra e liberal. Se você observar um comportamento sem julgar, terá introduzido a opção de escolha à equação. Nesse momento, você está livre (se escolher isso) para parar de fazer aquelas coisas que acabam com o seu poder de atração. Não julgar imediatamente dissolve a natureza habitual de seus comportamentos e cria a opção de ser autêntica, adequada e irresistivelmente você.

Se há qualquer situação ou circunstância em sua vida de que não gosta (ou seja, ser solteira, estar fora de forma, ser tímida com os homens, ter um relacionamento medíocre), você está resistindo a isso. Ou seja, quando você resiste a algo, realmente gasta energia pensando sobre isso ou como gostaria que tudo não existisse, o que literalmente continua recriando esse tipo de situação na sua vida, portanto, é tudo em que você consegue pensar.

Quando você simplesmente olha para uma situação, a vê como ela é, e para de desejar que isso fosse diferente, a situação perde o domínio sobre você. O aspecto "problemático" disso desaparece. Você suaviza e interage mais adequadamente com sua vida e com as pessoas. Ao tomar consciência do que acontece sem resistir, sua consciência não condicionada é despertada. Você consegue ser clara e compassiva. Sua habilidade de ser eficaz se expande no mesmo instante. É a partir dessa consciência neutra que a sua verdadeira irresistibilidade é revelada e o seguinte pode ocorrer:

- Estar solteira não é mais um problema ou uma falha que você tem que resolver, mas uma oportunidade para se recomprometer na vida e reinvestir em seu crescimento espiritual. É um ponto de partida para a diversão, aventura, romance e autoconhecimento.
- Estar fora de forma não é mais uma falha de caráter permanente. É simplesmente seu atual ponto de partida para revelar uma você mais forte, mais saudável e mais bonita.
- Ter um relacionamento insatisfatório não é algo que você tenha que mudar (ou seja, ten-

tar transformar seu namorado em algo que ele não é). Admita para si mesma que isso não está mais dando certo e se dê a opção de criar algo que funcione.

Contrário à crença popular, você não precisa de anos de terapia para se curar ou mudar comportamentos indesejáveis. Com consciência (que é uma observação de algo livre de julgamento), a resolução pode ocorrer instantaneamente.

Verificação da realidade: isso quer dizer que se você tem uma dívida de R$30.000 e olha para ela sem julgar, ela irá literalmente desaparecer? Quem me dera. Mas o que acontecerá, no entanto, é que você não mais será dominada pela culpa, pela preocupação e pelo medo associados a isso. Você recuperará a sua vida e reconquistará seu poder pessoal. Ao notar a existência da sua dívida, você pode começar a tomar a ação para reduzi-la. O universo irá apoiá-la com uma taxa menor de juros, um empréstimo, novos clientes ou o recebimento de algum dinheiro. Enquanto isso, você não mais viverá sob o constante falatório mental sobre o quão "má" você é por ter uma dívida ou viver a sua vida com o dinheiro contado.

O primeiro passo é a responsabilidade pessoal. E a chave para a responsabilidade pessoal é a conscientização. Quando você toma consciência das coisas que faz que não a levam a atrair e manter os homens e não julga a si mesma pelo que descobriu, você realmente para de fazer essas coisas.

O paradoxo irresistível: você já é irresistível e ainda há mais por vir

Um paradoxo é uma declaração que inicialmente parece ser contraditória, mas, então, sob uma inspeção mais de perto, ele se mostra verdadeiro. A maioria das mulheres que eu conheço são verdadeiramente irresistíveis, mas elas ainda não sabem disso. Elas andam por aí com ideias erradas e desatualizadas a respeito do que são e procuram aprovação em locais que nunca conseguem encontrar – o corpo certo, uma carreira de sucesso, ou o relacionamento perfeito.

A verdade é que a sua irresistibilidade não depende do mundo físico e das circunstâncias da vida, ela não tem idade e está fora dos limites de tempo e de espaço. Você não está separada dela. Você não tem de ser outra pessoa ou fazer algo para ter acesso a ela. Você simplesmente precisa se lembrar de sua verdadeira natureza, de seu ser, e querer olhar para os obstáculos que estão em seu caminho sem julgar a si mesma pelo que descobrirá.

Você já deu o primeiro passo. Teve a coragem e o desejo de investir neste livro. Isso me diz que você deseja investigar sua própria paisagem pessoal e fazer a excitante jornada do autoconhecimento.

Eu lhe digo: sua irresistibilidade já está aí dentro de você, no entanto, há algumas informações de que você não tem consciência que estão atualmente sabotando seu florescer por completo. Embora você já seja irresistível, há sempre algo mais que é possível. Seu potencial é ilimitado e você continuará a descobrir facetas mais profundas de sua vivacidade, se quiser continuar investindo em si mesma e praticando o estilo de vida irresistível esboçado neste livro. Não se engane. Não há LIMITES para ser radiante, viva e irresistível.

Relacionamentos amorosos satisfatórios são um direito de nascença

Você merece relacionamentos saudáveis, satisfatórios e amorosos. Eles são direito seu desde o nascimento. Deus (também conhecido como Deusa, Universo, Poder Supremo, A Fonte, ou qualquer que seja o nome com que queiram chamá-lo) criou você em completa perfeição, assim como fez tudo em nosso universo. Pela virtude de nascer, você é amada. Isso não é alguma coisa que você tem de ganhar, manipular ou descobrir como produzir. Isso está programado dentro de você. Você não é uma coisa separada do amor.

Em determinado aspecto, o amor é tudo que existe. Medo, ressentimento, isolamento e solidão são ilusões criadas pela mente para nos manter acreditando que estamos separados um do outro e separados de nossa divindade. A mente precisa dessa crença para sobreviver. A mente prospera com isso. Seu ser, no entanto, sabe que, por trás dessa ilusão da mente, o amor é tudo. O seu ser sabe que não há limites para o fornecimento de amor. O amor nunca acaba e nunca pode ser roubado de você, porque você é a fonte. Dar amor somente gera mais amor. Lembre-se disso quando encontrar os obstáculos para a sua irresistibilidade. O amor é o combustível que dá energia para o mundo e pode transformar toda escuridão em luz. Permita que ele apague de seu passado os falsos pensamentos e ideias antigas que esconderam sua verdadeira natureza irresistível até agora.

Irresistibilidade é um estilo de vida, não uma pílula mágica

Você está descobrindo como revelar naturalmente a sua irresistibilidade, por dentro e por fora. Esse é o grande presente que você pode dar para si mesma e para o mundo. Mas ser irresistível é um estilo de vida, não uma pílula mágica que você toma. É como estar em boa forma física. Você não pode se exercitar uma vez e nunca mais ir à academia. Resultados duradouros de saúde, ginástica e bem-estar vêm da consistência ao longo do tempo. Estar irresistivelmente "em forma" não é diferente.

Um estilo de vida, por definição, é uma forma de vida ou estilo de viver que reflete atitudes e valores de uma pessoa. O estilo de vida irresistível é ser completamente viva, expressiva e compassiva (consigo mesma e com os outros). Trata-se de acessar o seu "eu" sublime e viver consistentemente com consciência.

O estilo de vida irresistível pode ser facilmente esquecido quando a vida joga uma bola com efeito. Você perde o seu emprego. Sua impressora quebra bem antes de uma reunião importante. O novo cara que parece um sonho se transforma em um completo idiota. Quando você fica triste ou desapontada, é normal perder a linha e a concentração e esquecer de sua verdadeira natureza irresistível. É tentador deslizar para hábitos antigos, não atraentes e familiares. Eu não estou sugerindo que você finja que tudo é um mar de rosas quando não é. O que eu estou sugerindo é que não se apoie nisso.

Construa seu estilo de vida irresistível com esses três passos simples:

1. Pratique a sua habilidade de observar de forma neutra o que está sentindo.

2. Permita-se realmente sentir isso (sem tentar tornar o sentimento diferente ou se livrar dele). Observe as sensações do corpo.

3. Mantenha-se recordando esse momento e responda (não reaja) a partir daí.

Por favor, não me entenda mal. Não estou sugerindo que você finja estar feliz quando você não está, ou que não fale o que pensa quando alguma coisa não está dando certo. O que eu estou propondo é outra possibilidade. Um espaço de irresistibilidade onde você possa ser autêntica, comunicar a sua verdade por completo e desfrutar de uma sensação de bem-estar, tudo ao mesmo tempo.

Não se esqueça de sua verdadeira natureza. Em tempos desafiadores nós devemos nos lembrar do quanto somos realmente brilhantes. Fique concentrada na leitura deste livro e outros que permitam sentir-se inspirada e viva. Exercite-se. Telefone para o seu instrutor ou outras pessoas que possam ajudá-la a voltar para os trilhos. Use esta obra para criar uma comunidade de mulheres irresistíveis (e homens) que irão apoiar uns aos outros para viver com brilho e não como vítimas. (Para conhecer outras pessoas irresistíveis, participe gratuitamente da comunidade "Deixe todos os homens aos seus pés" através do site www.makeeverymanwantyou.com/secrets.)

É como fazer exercícios: essas práticas desenvolverão seus músculos de irresistibilidade. Você aumentará sua força e resistência ao mesmo tempo. Quando sair da sua rota, você será capaz de rápida e facilmente voltar ao centro. Sua natureza intrínseca é a irresistibilidade. Ela é um restabelecimento tanto de você como do mundo. Faça disso um estilo de vida.

Sem manipulações, truques ou técnicas

Ser autenticamente irresistível não se trata de manipular os homens, fazer truques ou aplicar técnicas para fazer com que eles se apaixonem por você.

Além disso, se você tem de manipular, usar truques ou dominar técnicas para conseguir fazer alguém amar você, ele realmente não ama você.

Ele está apaixonado por uma técnica bem executada. E o que é pior, se você usa manipulação ou truques para conseguir um homem, você terá de encenar o personagem o tempo inteiro para que ele nunca perceba quem você realmente é. (Porque ele irá deixá-la, se perceber!)

O método de *Deixe todos os homens a seus pés* é completamente diferente. Trata-se de acordar e ser livre, expansiva e, o mais importante, ser você. Trata-se de eliminar cada falso pensamento que você já teve sobre o amor e relacionamentos. É descobrir sua habilidade natural de ser autêntica, sensual e totalmente irresistível de uma forma que seja verdadeira para a sua alma e inspire outros a fazer o mesmo. Truques e técnicas são fáceis. Irresistibilidade autêntica é rara. Invista em algo de verdade.

Bancar a vítima está proibido

Não há vítimas atraentes e irresistíveis. Ser irresistível significa que você assumirá completa responsabilidade pela sua vida. Ou seja, reconhecer que você organizou a sua vida para ser exatamente da forma que ela é agora.

Muitas mulheres acreditam que os eventos de suas vidas são determinados por fatores que estão fora de seu controle. Eu geralmente ouço mulheres falando de sua má sorte nos relacionamentos (e na vida), como se isso fosse algo que acontecesse independente da vontade delas. Elas dirão "Por que eu sempre fico com caras como esse?" ou "Se eu não tivesse de trabalhar para um chefe louco, eu teria tempo para malhar e ficar em forma".

Outras mulheres assumem que as dificuldades de seus relacionamentos repetitivos provêm de uma falha interna e acreditam que elas têm algum tipo de falha de caráter genético, completamente fora de seu controle. Elas dizem coisas do tipo "Eu não posso cuidar de mim. Eu tenho de estar com ele. Eu sou desse jeito!" ou "Eu sou bem preguiçosa. Fazer academia é muito trabalho para alguém como eu". Ambas as afirmações estão incorretas.

Se você é capaz o suficiente para pôr as mãos em uma cópia deste livro, você é capaz de deixar esse drama todo de lado, descobrir como ser irresistivelmente você e fazer o que deve ser feito para ter relacionamentos maravilhosos e satisfatórios em sua vida.

É preciso dizer a verdade

As mulheres que obtém mais sucesso ao aplicar o método de *Deixe todos os homens aos seus pés* são aquelas que dizem a verdade – para si mesmas, sobre elas mesmas. Elas dizem "Sim, eu faço isso!" quando reconhecem que elas estavam reclamando, queixando-se ou se comportando de uma maneira que não produziu os resultados que elas queriam (ou seja, serem irresistíveis, terem excelentes relacionamentos com os homens). Elas não se culpam ou se julgam por aquilo que descobriram. Elas simplesmente notam a verdade e seguem em frente.

Mulheres irresistíveis também desejam se livrar da necessidade de "estarem certas" e defender seu ponto de vista – como se elas já soubessem disso tudo. Todo crescimento e aprendizado verdadeiros surgem de um desejo de não estar certa. Pense sobre isso. Quando você tem a coragem de dizer "Eu não sei..." ou "Talvez haja outro jeito...", você se abre para uma visão mais ampla e novas possibilidades. Eu sempre desconfiava quando uma cliente dizia rapidamente "Sim, sim, eu já sei disso..." quando eu dava um *feedback* para ela. Esse ágil "Sim, sim, eu já sei disso..." me dizia que ela realmente não sabia disso antes e que não queria parecer idiota ao reconhecer isso – na maioria das vezes para si mesma. Em primeiro lugar, o que elas "sabem" foi o que lhes causou problema. Uma atitude aberta, receptiva e não defensiva permite que possibilidades de relacionamentos mais expansivos e maravilhosos possam surgir.

Nós temos de conseguir dizer a verdade – para nós mesmas, sobre nós mesmas –, assim podemos perceber e eliminar as coisas que fazemos para sabotar nossos relacionamentos. A verdade realmente nos liberta.

Humor e diversão são extremamente recomendados

Agora mesmo você está segurando um mapa para a elucidação da irresistibilidade. E como a própria expressão diz, a raiz da palavra "elucidação" é *luz*. Ter senso de humor acerca de si mesma e dos erros cometidos em relacionamentos passados não irá apenas acelerar seus resultados, mas alimentará a sua alma e lhe renderá boas risadas ao longo do caminho.

Esse tipo de atitude conduz a um nível de humildade e tranquilidade no coração que lhe permite enxergar coisas sobre si mesma que considera tolas ou embaraçosas. Seja gentil consigo mesma e reconheça que não há uma mulher no planeta que não tenha sua própria coleção de momentos em que tenha dito "Onde eu estava com a cabeça?!", quando se trata de amor e relacionamentos.

Desafio da Ação Irresistível

Dê ao menos três exemplos de como você já é irresistível. Liste três coisas que aprecia em você neste momento.

Tome consciência do quanto você diz "Eu já sei isso...", tanto mentalmente como em voz alta. Você pode rir desse pensamento e gentilmente redirecionar a sua atenção para ouvir ou ver coisas, como se as estivesse vendo pela primeira vez? Quanto você está disposta a ser uma tela em branco sobre a qual a vida pode pintar algo completamente novo?

Querida, leve a vida de uma forma mais leve. A maioria de nós encara a si mesma (e sua vida) muito seriamente. Essa "tensão" desnecessária é um empecilho à nossa irresistibilidade e bem-estar. Teste o seguinte: da próxima vez que estiver séria demais, faça uma análise da sua expressão corporal. Você está franzindo a testa ou contraindo os ombros? Note como você se sente. Não é divertido? Você está aproveitando a experiência?

Capítulo 2

As cinco verdades que toda mulher irresistível deve saber

> *Uma pessoa não precisa estar atrás das grades para ser prisioneira. As pessoas podem ser prisioneiras de seus próprios conceitos e ideias. Elas podem ser escravas de si mesmas.*
>
> – Prem Rawat, congressista e ativista da paz

Você está prestes a aprender as cinco verdades que eliminarão 99% do drama, da frustração e da insegurança pessoal que você sentiu a vida inteira em seus relacionamentos até agora. E, se você permitir, elas farão com que você nunca mais sinta isso.

Conforme falamos no **Capítulo 1**, muitas de nós agimos baseadas em informações falsas. Nós somos culturalmente mal informadas sobre o que devemos fazer para ter e manter grandes relacionamentos e, até agora, sobre o que significa ser verdadeiramente irresistível por dentro e por fora. Quando você age baseada em informações incorretas, está se enganando e sendo literalmente levada na direção errada, portanto, é impossível encontrar o que procura, pois está no lugar errado.

Por exemplo, se eu lhe disser para fazer um bolo, mas lhe der a receita de um rocambole de carne, você ficará surpresa se o seu bolo tiver gosto de carne? Provavelmente, não. Se eu insistisse que você tem a receita certa do bolo e pedisse para você continuar tentando, você faria um bolo em vez de um rocambole? Nunca. Porque quando você está agindo baseada em informações erradas, você manterá os mesmos resultados errados. O mesmo acontece com os homens e os relacionamentos.

A maioria de nós está agindo baseada em informações erradas, então é impossível ter os relacionamentos amorosos e satisfatórios que desejamos. Mas como você descobrirá, com a receita certa, torna-se fácil fazer um bolo e comê-lo.

Verdade n° 1:
Um relacionamento não salvará você

> *Esperar por alguém, ou esperar que alguém torne a minha vida mais rica, mais completa ou mais satisfatória me deixa em um constante estado de suspensão.*
>
> – Kathleen Tierney Andrus, escritora

Muitas mulheres, incluindo eu mesma, cometeram o erro de acreditar que elas precisam de um homem ou de um relacionamento para se sentirem completas, inteiras, menos sozinhas, emocional ou financeiramente seguras e geralmente bem-sucedidas em suas vidas, e isso não é de se surpreender. Nossa cultura nos condiciona a acreditar que somos, de certa forma, incompletas ou apenas parte de um todo até que nos casemos ou tenhamos um relacionamento. Eu chamo isso de a síndrome "Você me completa" de Jerry Mc-Guire. Você assistiu a esse filme? Nele, Renée Zellweger e Tom Cruise se apaixonam e declaram um ao outro (de uma maneira que faz você chorar bastante e toca fundo no seu coração): "Você me completa."

Embora seja bonito e divertido nos filmes, fora da telona essa mentalidade causa uma devastação no bem-estar emocional de mulheres (e homens) e na habilidade de realmente ter um relacionamento que dê certo. Partir da ideia que um relacionamento (ou qualquer outra coisa) completa, salva, ou transforma magicamente a sua vida é uma receita infalível para se manter infeliz e sozinha.

Ironicamente, o oposto é verdade. O que você realmente precisa entender é que nada exterior a você pode produzir um sentimento duradouro de completude, segurança ou sucesso. Nenhum homem, relacionamento, emprego, quantidade de dinheiro, casa, carro, ou qualquer outra coisa pode produzir um contínuo sentimento de felicidade, satisfação, segurança e realização.

Algumas mulheres ficam confusas com a palavra "salvar". Nesse contexto, ela se refere à ideia equivocada de que um relacionamento livrará você de sentimentos como vazio, solidão, insegurança ou medo, que são inerentes a qualquer ser humano. Que encontrar alguém com quem ficar "salvará" você de si mesma. Todas nós precisamos acordar e reconhecer que aqueles sentimentos são uma parte natural da experiência humana. Eles não são significativos. Eles apenas confirmam o fato de que estamos vivas e pulsando. A pergunta que você deve fazer a si mesma é: em que devo investir, na minha insegurança ou na minha irresistibilidade? A escolha é sua.

Assim que você entende que é completa e inteira, é como se tomasse um chacoalhão para se tornar mais atraente, autêntica e relaxada em qualquer encontro – imediatamente. Todas as vibrações desesperadas, necessitadas e pegajosas que deixam os homens furiosos desaparecerão porque você está parando de tentar usar um relacionamento para se consertar. O fato é: você é totalmente capaz de exercitar a felicidade, a satisfação e a realização agora mesmo. Tudo que tem a fazer é começar a viver a sua vida como você mesma, como se apenas você importasse, como se tudo que faz fizesse diferença no mundo. Porque realmente faz.

O que significa parar de colocar seus sonhos de lado, esperar por algum dia, ou demorar a tomar uma atitude sobre aquelas coisas que você sabe que quer para si mesma, porque em algum lugar bem lá no fundo você está esperando o Príncipe Encantado chegar e tornar tudo melhor. Você sabe do que eu estou falando. A tendência de ficar presa ao passado em vez de realmente investir na carreira, saúde, casa, finanças ou família porque você está solteira e imagina que aquelas coisas irão todas se resolver assim que você encontrar "o cara".

Ei, aqui vai um segredo: ficar presa ao passado é o que o mantém afastado.

Não espere até que encontre alguém. Você é alguém.

Quando se vive cada dia com entusiasmo – como se agora fosse tudo que se tem –, uma coisa engraçada acontece, pois você começa a se sentir feliz, satisfeita, segura e realizada, praticamente o tempo todo. Em vez de ver a vida passar, esperando secretamente que as coisas melhorem até que você encontre o Homem Certo, comece a viver com intensidade e, ao fazer isso, desperte aquela mulher atraente e irresistível dentro de você que está querendo comandar o show. Quando você dá 100% de você (ou seja, pensa que tudo é importante), felicidade, satisfação e *irresistibilidade* (toc-toc-toc!) são subprodutos naturais. Nós falaremos exatamente o que significa viver cada dia com entusiasmo no **Capítulo 10** e por que este é o maior atrativo. Mas, por agora, apenas saiba que apesar do que as pessoas dizem, um relacionamento não fará você mais feliz, mais realizada, mais satisfeita, mais financeiramente segura ou emocionalmente estável do que você é agora.

VERDADE Nº 2:
Relacionamentos são oportunidades espirituais, não uma troca de necessidades

O relacionamento é uma das mais poderosas ferramentas para o crescimento.

– Shakti Gawain, escritora e guru espiritual

Muitas de nós têm a falsa ideia de que o propósito de um relacionamento é suprir as nossas necessidades e realizar os nossos desejos de alguma forma. Parecemos ver o que podemos conseguir tirar de um relacionamento em vez do que podemos acrescentar a ele. Vistos dessa forma, os relacionamentos geralmente não passam de uma troca de necessidades. Nós precisamos disso (segurança, amor, intimidade); um homem precisa daquilo (segurança, companheirismo, sexo). Quando nos encontramos em boa forma, ambas as partes tacitamente concordam em negociar e chamam isso de amor. Esse modelo de relacionamento baseado em transação é a razão de tantos deles parecerem vazios e desanimados, pois não têm nada de real e íntimo. Depois que a onda inicial de excitação passa, eles se parecem mais com contratos de negócios do que com uniões sagradas.

Vamos encarar o fato. Nós fomos condicionadas a usar os relacionamentos com as seguintes finalidades errôneas: acabar com a solidão, aliviar a depressão, recuperar-se de um rompimento anterior ou encontrar segurança. O problema é que essa não é a função dos relacionamentos.

Relacionamentos são uma oportunidade espiritual para evolução pessoal. Não há uma chance melhor para descobrir sua capacidade de amor, perdão, compaixão, completa autoexpressão e grandeza pessoal. Em nenhum outro lugar você encontrará a maior e a menor parte de você mesma. Em nenhum outro lugar você se confrontará com limites autoimpostos para a intimidade. Em nenhum outro lugar você poderá perdoar-se tão profundamente ou amar com tanta pureza.

Esse é o verdadeiro propósito de um relacionamento, servir para o crescimento pessoal mútuo e a sublime expressão de cada indivíduo. É uma chance para compartilhar o seu entusiasmo por estar viva e se doar para outra pessoa. Os relacionamentos proporcionam a oportunidade de iluminar alguma parte dentro de você que ficou obscurecida durante muito tempo por causa do medo e da incerteza; contemplar a grandeza de outra pessoa de maneira que ela possa adentrar a magnificência de sua alma é querer se expressar. Dessa forma, o relacionamento se torna a maior ferramenta para a descoberta pessoal e o crescimento espiritual.

Quando nos esforçamos para descobrir com o que podemos contribuir em vez de extrair de um relacionamento, nossa vida inteira se transforma. Nós não vemos mais os nossos parceiros como antagonistas. Agora os vemos como professores e aliados para nos ajudar a descobrir e experimentar a nossa glória.

Então quer dizer que você deve permanecer em um relacionamento abusivo, doentio ou que está por um fio só porque acabou de descobrir que relacionamentos são oportunidades de crescimento espiritual para passar por cima de tudo, e, portanto, você deve encontrar algum significado maior para ele? Claro que não. Lembre-se, relacionamentos são crescimento mútuo e expressão sublime.

VERDADE Nº 3:
A vida é agora – É isso aí

> *Há apenas duas formas de viver a sua vida. Uma é como se nada fosse um milagre. A outra é como se tudo fosse um milagre.*
>
> – Albert Einstein

Há vários anos eu não gostava do rumo que a minha vida estava tomando. Não havia nada em particular que estivesse ruim. Eu tinha emprego fixo, amigos, um namorado legal e dinheiro suficiente para pagar o aluguel, fazer compras e aproveitar a vida na cidade de Nova York. Mas havia esse constante sentimento de incômodo dentro de mim que me fazia pensar: "eu deveria ter ido muito mais longe".

Naquela época eu comecei a aprender sobre os benefícios de viver o momento. Na verdade, eu geralmente repetia a seguinte citação que li no livro *As sete leis espirituais do sucesso* do Deepak Chopra: "O passado é história, o futuro é um mistério e este momento é uma dádiva. É por isso que se chama presente". Mas somente alguns anos depois eu realmente compreendi o verdadeiro significado dessa expressão. Eu levei um tempo para entender que este momento – o agora – é realmente isso.

Veja você, durante todos esses anos, eu vivi a minha vida inteira como se não fosse bem aquilo.

Meu emprego não era bem isso. Ele era apenas um "emprego temporário" para pagar as contas até que eu conseguisse avançar na direção de coisas maiores e melhores. Não precisava ficar até mais tarde ou andar muitos quilômetros. O meu relacionamento não era bem aquilo; era apenas um passatempo conveniente até que o Homem Certo de verdade aparecesse. Eu não precisava me render a ele nem entregar o meu coração completamente. Meu apartamento não era tudo aquilo; afinal, eu pagava aluguel. Eu não precisava decorá-lo ou mobiliá-lo com coisas que colocaria em um lar permanente.

A mentalidade "não é bem isso" estava até nas coisas simples do meu dia a dia, como casamentos ou eventos especiais, pois eu geralmente sentia como se estivesse sentada na mesa errada. "Não é bem isso", eu pensava. Nas boates, geralmente sentia como se eu escolhesse o cara errado. "Não era bem isso", eu pensava. "O outro lugar é que realmente deve estar legal". No restaurante eu pensava "Isso não é bem o que eu queria, eu deveria ter pedido o que ela disse".

Durante muitos anos, eu falhei em perceber que o agora é tudo que sempre existe. Este momento é realmente isso. Em vez de curtir e aproveitar a minha vida exatamente como ela era, eu passava a maior parte do tempo reclamando, planejando, esquematizando, esperando e desejando que algum dia as coisas fossem diferentes. Eu guardava jornais, fazia promessas e estabelecia metas para que as coisas ficassem melhores em algum momento no futuro. Aqui está o ponto-chave em que eu falhei: inadvertidamente eu estava treinando para conduzir a minha vida à mediocridade.

A vida é AGORA. A vida só pode ser AGORA.

Goste você ou não, é isso mesmo. O que você tem na sua vida é esse momento – seu emprego, amigos, família, apartamento, o carro que você dirige (ou não), a refeição que você escolhe, o namoro que está tendo (ou não) –, tudo é realmente isso. Porém, não quer dizer que as coisas não vão mudar. Tudo muda. A vida muda. Mas se você encarar a vida dessa forma, o tempo todo, experimentará uma mudança quântica em sua realidade. Você ficará mais relaxada, mais presente e, inexplicavelmente, mais irresistível. A excelência irá surgir em sua vida sem que tenha de fazer esforço.

Ei você! Sim, você – a mulher sexy que está lendo este livro. Escreva o seguinte em um cartão e carregue-o com você o tempo todo:
Atitude "é isso aí" = irresistibilidade total.

As mulheres que vivem um momento após o outro, exatamente como eles são, tendem a ser natural e autenticamente mais irresistíveis que as outras. Em vez de reclamarem, resistirem, queixarem-se ou ficarem presas ao passado, elas mergulham de cabeça, estão completamente vivas e empenhadas para vencer em todas as áreas de suas vidas.

Semelhante atrai semelhante. Você está muito mais propensa a atrair um homem vibrante e cheio de energia, do tipo "é isso aí", sendo uma mulher do tipo "é isso aí".

Aqui está a melhor parte: praticando "é isso aí", você também começará a notar mudanças drásticas e surpreendentes em todas as outras áreas da sua vida, pois ao não tentar torná-la melhor, você descobrirá que não precisa de muito esforço para ter mais diversão, uma vez que não está desejando estar em outro lugar. Sua casa se parecerá mais com um lar porque você estará mais empenhada em viver lá. Você ficará menos estressada e ansiosa ao longo do dia, tornando-se mais viva e cheia de energia.

Praticar "é isso aí" também tem um impacto poderoso em sua aparência, conjunto de valores e relacionamentos com amigos e a família. Nada mal para um pequeno conceito, não?

Desafio da Ação Irresistível

É fácil experimentar "é isso aí" consigo mesma. É como apertar o interruptor que acende a luz da sua irresistibilidade e iluminar tudo que você toca. Envolva-se por completo em cada momento, exatamente como ele é agora mesmo. Lembre-se que tudo é como deveria ser. Você é uma versão perfeita de você neste momento.

Aqui estão cinco modos divertidos de experimentar "é isso aí":

1. Quando fizer um pedido em um restaurante, não repense a sua escolha. Tenha certeza de que o seu pedido é perfeito para você. É isso aí.

2. No trabalho, em vez de perder tempo sonhando acordada, reclamando ou desejando estar em algum outro lugar, faça o que precisa ser feito com excelência naquele momento. É isso aí.

3. Em encontros, fique longe dos julgamentos e críticas sobre a pessoa. Simplesmente pratique estar lá, aproveite e note como você se sente com a pessoa. É isso aí.

4. Em casa, tome cuidado enquanto limpa, decora e coloca tudo no lugar. Arrume a cama de maneira asseada e cuidadosa. Escolha fotos para pendurar com atenção e intenção. Tenha toalhas macias. É isso aí.

5. Vista-se, maquie-se e corte seus cabelos com estilo como se fosse algo muito importante. Leve o tempo que quiser e preste atenção aos detalhes. É isso aí.

VERDADE Nº 4:
Os homens não querem ser mudados, portanto, "Ame-os ou deixe-os", baby!

Se o sapato não serve, devemos trocar o pé?
– Gloria Steinem, jornalista e escritora

Você já teve um encontro com um homem e se pegou pensando: "Ele seria perfeito se fosse... mais carinhoso, menos controlador, mais comunicativo, menos egoísta, mais jovem, mais velho, mais rico, mais A, menos B...?". Provavelmente, se ainda não teve, logo terá. O pensamento de consertar um homem é abundante em nossa sociedade e está presente em grande parte dos relacionamentos infelizes. Ele também pode ser uma ideia que está mantendo você solteira.

Ei, aqui está outro segredo: os homens não querem ser mudados ou melhorados.

Pense nisso. Você se sentiria atraída por um homem que constantemente tenta mudar ou melhorar você? Alguém que fala para você perder um pouco de peso? Que gostaria que você falasse um pouco menos, mas cozinhasse e fizesse mais faxina? Nem pense nisso. Você tem de parar de ficar tentando torná-lo diferente do que ele é, se quer ser irresistível. Na verdade, a maior parte de você que "queria que ele fosse diferente" o mantém afastado exatamente da mesma maneira. (Lembre-se: ao que resistimos, persiste.)

Eu tenho outra pergunta: você já foi ao departamento "E se..." daquela loja que vende coisas para casa chamada IKEA? É uma sala enorme cheia de móveis – há pequenas cadeiras, mesas grandes, sofás, aparelhos de som e TV, luminárias e várias almofadas preenchendo o espaço. Algumas peças são novas, enquanto outras parecem seminovas ou têm algum defeito e requerem um pouco de cuidado e atenção. Tudo isso está em promoção na condição que você encontrar, pelo preço marcado.

Quando você visita o departamento "E se...", olha o que está disponível e escolhe se quer alguma coisa ou não. Claro, você pode perder tempo falando para si mesma como queria que algo fosse diferente...

"Se essa cadeira fosse amarela, seria perfeita."
"Se aquele sofá fosse um pouquinho menor, daria certo para mim."

"Se a cor da mesa fosse um pouco mais escura, seria ideal para a minha cozinha."

... mas, no final das contas, você olha para "o que é" e decide se tem alguma coisa boa para você neste momento. Se tiver, você leva. Se não, você segue em frente. Sabe de uma coisa? Com os homens não é diferente. Um dos maiores erros que as mulheres cometem é tentar mudar ou transformar um homem em algo que ele não é. Isso inclui tentar mudar o modo como ele se sente com relação a você. Vamos repetir tudo, não vamos? Você não pode mudar o modo como um homem se sente ou se comporta.

Não me leve a mal, eu não estou dizendo que os homens não mudam ou não podem mudar. As pessoas transformam as suas vidas o tempo todo. *Contudo*, não é trabalho seu mudar ou transformar ninguém – especialmente seu parceiro. Se ele quer mudar ou ajustar alguma coisa, ele precisa querer isso por si mesmo.

É isso. Cada ser humano é uma expressão única e perfeita de quem ele é naquele momento. Ninguém pode ser diferente do que é agora mesmo (isso inclui você). Como uma mulher irresistível, o seu trabalho é simplesmente estar aqui e dizer a verdade sobre o que dá certo para você e o que não dá. "Assuma a responsabilidade pela sua existencialidade" e vá ao encontro da vida como ela se mostra – não como você preferiria que ela fosse.

Se você não gosta de alguma coisa no homem com quem está saindo, há duas coisas a fazer: (1) comunique de uma forma direta, mas delicada, que você não está gostando da situação e sinta qual a opinião dele, ou (2) siga em frente, ele não é o homem certo para você. A comunicação é essencial para qualquer relacionamento saudável. Contudo, há uma grande diferença entre comunicar o que dá e o que não dá certo para você e tentar mudar ou melhorar alguém.

Quando um relacionamento não serve mais para você, comunique isso a ele. Diga-lhe o que você sente e deixe claro que você não o está culpando por seus sentimentos. Fale sobre possíveis soluções, ou sobre o que você acha que vai dar certo e *ouça* a resposta dele. Ele pode não saber que faz alguma coisa que a chateia e ficará contente em ajustar o comportamento para apoiar a saúde da relação. Por outro lado, ele pode dizer: "Eu sou assim, meu bem, ou gosta de mim desse jeito, ou paramos por aqui!".

De qualquer jeito, não o culpe pelos seus sentimentos como se eles fossem causados por ele (porque não foi ele quem os causou). Quando você o culpa pelos seus sentimentos, ele automaticamente assumirá uma posição defensiva e não irá ouvi-la. As linhas de comunicação serão rompidas e você dois ficarão tristes e frustrados. Mesmo se você disser que não o culpa pelo que está sentindo, mas secretamente o culpar, ele sentirá a sua desonestidade e se defenderá até a morte. Você perderá credibilidade, deixará de ser atraente imediatamente e ele desconsiderará qualquer coisa exata e válida que você tenha para dizer.

Comunique-se como a mulher brilhante e irresistível que você é. Não fique apontando o dedo para ele ou tentando provar seu ponto de vista ao listar tudo o que ele fez de errado com você. Enxergue a verdade da situação. Talvez o desacordo possa ser facilmente resolvido. Talvez você possa deixar de estar "certa" sobre o quanto ele está "errado" e seguir em frente. Ou talvez seja uma excelente oportunidade para se livrar de um relacionamento insatisfatório que está por um fio.

Nada externo a você pode fazer com que sinta alguma coisa. Essas emoções (raiva, frustração e tristeza) estão dentro de você. Quer uma prova? Você já ficou feliz quando estava dirigindo porque alguém queria passar para a sua pista e você gentilmente permitiu? Você também consegue se lembrar de alguma situação em que alguém lhe deu uma fechada no trânsito e você buzinou, gritou e agiu como uma criança mimada com um surto de raiva? Na última experiência, é provável que você já estivesse nervosa. Havia raiva e frustração dentro de você, esperando para explodir. O evento em si não causou o aborrecimento – ele foi mcramente um estopim que explodiu, demonstrando o que já estava acontecendo em você e esperando para se manifestar. Então, culpar outra pessoa pelo que você está sentindo é completamente errado.

Quando um relacionamento não está dando certo, isso não significa que há algo errado ou deficiente com uma das pessoas. Isso só significa que vocês não estão combinando. É simples assim.

Espiritualmente, é egoísmo se apegar a alguma coisa que não está dando certo. Você está roubando tempo de alguém (e o seu) que poderia ser gasto em outra experiência mais harmoniosa.

A moral da história é essa. Os homens não querem ser mudados ou melhorados. Permita que ambos sejam quem são. Seja honesta e objetiva em suas comunicações, mas não tente mudar, melhorar ou fazer dele algo que ele não é.

Verdade nº 5:
Se você quer garantias no amor, então você não quer amor

> *Para ter paz de espírito, renuncie ao cargo de gerente geral do universo.*
>
> – Larry Eisenberg, escritor

Ser autenticamente irresistível significa se render ao fato de que não há garantias na vida ou no amor. A vida é mudança. As flores desabrocham e depois morrem e, em seguida, desabrocham de novo. O clima não tem descanso. O sol nasce e se põe todos os dias. As marés sempre vêm e vão. As estações mudam. Nada é permanente. A verdadeira natureza do nosso universo é que ele está sempre se expandindo, mudando e crescendo.

Esperar garantias no amor é ser irrealista. Procurar alguém que prometa ou garanta que vai amar você para sempre coloca uma enorme e irreal pressão sobre a pessoa (e sobre você) para fazer alguma coisa que nós somos incapazes de fazer – continuar as mesmas. Para experimentar completamente toda a glória, aventura e êxtase do amor verdadeiro, nós temos de conseguir nos livrar da ideia de que isso pode ser assegurado.

A vida não dá garantias. Nós nunca sabemos o que vem pela frente. Tudo que podemos fazer é aproveitar nossas vidas imediatamente, momento a momento, e dizer a nossa verdade conforme ela aparece. É nesse estado do desconhecido – no reino de todas as possibilidades – que a sua irresistibilidade autêntica reside. Esse é também o espaço sagrado do amor puro e autêntico, não a pseudoversão da cultura pop, baseada na transação, que todas nós estamos desesperadas para ter e manter.

Quando você desiste de tentar controlar outra pessoa, você se liberta da ilusão da separação e da falsa ideia de que você é incompleta. Ironicamente, quando para de tentar controlar o amor, você cria o espaço para ele viver e florescer. É bastante estranho, mas você se sentirá mais segura e completa do que poderia imaginar.

A vida humana é desenvolvimento e evolução. Relacionamentos não são diferentes.

Em vez de procurar manter ou garantir que terá o amor de alguém, mostre-se a cada dia como uma pessoa que está querendo ser amada. Diga a verdade, comunique-se completamente e apoie-o para ele se tornar o homem que ele quer ser.

Olhe no espelho. Quem é você hoje? Descubra-se novamente. Não suponha que você é a mesma pessoa que era na semana passada ou no ano passado. Não se limite à sua história. Olhe para o seu parceiro com novos olhos a cada dia. Quem é essa pessoa? Não presuma que ele é a mesma pessoa com quem você estava na semana passada ou no ano passado. Não o aprisione com seus julgamentos ou seu passado. Você não pode controlar como seu parceiro é. No entanto, o que você pode controlar é como se comporta com relação a ele. Em vez de ficar repetindo os "velhos tempos" que todas lutamos tanto para recriar, esteja aberta à novidade de cada momento e dê ao seu relacionamento uma chance de respirar.

Tentar manter um relacionamento é sinal de que ele está acabando. Não ache que tudo está bem quando não está, ou ignore os problemas em vez de encará-los. Dê boas-vindas às mudanças e fale a sua verdade. Cada problema é uma oportunidade para você se expandir e expressar novos níveis de sua irresistibilidade.

Quer mais? Visite o site www.makeeverymanwant-you.com/secrets para receber mais dicas e recursos.

Desafio da Ação Irresistível

Quais áreas de sua vida você inconscientemente "deixou para lá"? Qual a única ação que você pode tomar agora mesmo para expandir essas áreas?

Por exemplo, se você não investiu em sua saúde financeira, pode comprar um livro ou marcar uma reunião com um consultor para começar. Se você tem sido preguiçosa ultimamente, vá correr ou fazer exercícios.

QUESTÕES PARA DISCUSSÃO

1. Alguma coisa dentro de você acredita que precisa de um parceiro para ser "completa"? Como a sua vida seria diferente se você não tivesse aquele pensamento?

2. Quanto você deseja mudar de um modelo de relacionamento "baseado em transação" para um modelo mais rico e dinâmico, baseado em compaixão e crescimento mútuos?

Capítulo 3

Os sete hábitos das mulheres não atraentes ou Obstáculos para deixar todos os homens aos seus pés

> *A melhor maneira de interromper um mau hábito é se desprender dele.*
>
> – Leo Aikman, escritor e editor

Outro nome para este capítulo poderia ser "Os maiores repelentes de homens", pois falaremos dos comportamentos que deixam os homens completamente furiosos. A maioria (embora não todos) desses hábitos é um subconjunto de preconceitos que atrapalham a vida e acabam com a atração, por exemplo, o pré-conceito de que um relacionamento irá salvar ou completar você de alguma forma.

Lembre-se, um relacionamento não pode completá-la ou trazer a felicidade que não tem agora. Claro que você pode experimentar tremendos níveis de felicidade e completude enquanto estiver se relacionando com alguém, mas não por causa disso.

Não fique desencorajada se você tem um ou vários desses hábitos. Lembre-se, tomar consciência (que é a observação de algo sem julgar) é tudo que você precisa para uma resolução facilitada.

ELIMINAÇÃO DO HÁBITO NÃO ATRAENTE Nº 1:
Carência, o maior repelente de homens

Quando foi a última vez que você ouviu um cara dizer: "Adivinhe? Eu encontrei essa gostosa carente ontem à noite!". Provavelmente nunca. Porque ser carente é o maior repelente de homens. Se você acredita que está incompleta e espera que um relacionamento resolva os seus problemas, você está sendo carente. Os homens notam essa carência e irão efetivamente repeli-la.

Aqui estão alguns comportamentos clássicos de carência para identificar:

- Mandar e-mails ou telefonar obsessivamente (especialmente para verificar e saber se "está tudo bem").

- Verificar a sua caixa de mensagens e de e-mails compulsivamente.
- Dizer a um homem que "você precisa dele para ser feliz" ou que "ele a faz tão feliz".
- Dizer incessantemente "fiquei com saudades...".
- Perguntar toda hora onde ele está e o que está fazendo.
- Ter "acessos de raiva" silenciosos ou não quando ele não lhe dá total atenção.
- Desejar insaciavelmente que ele aprove como você está vestida e o que está fazendo.

A carência vem do desespero e é um grande balde de água fria. Esse hábito transcende o comportamento e também é energicamente transmitido como ondas de rádio que os homens ouvem em alto e bom tom. Então, mesmo que você evite ligar de forma obsessiva ou fique verificando seu e-mail compulsivamente e finja que está controlada, ele sentirá a sua verdadeira energia desesperada e irá pular fora.

Outro ponto importante é que essa carência pressiona bastante um homem. Ele sentirá uma exigência constante para ter um bom desempenho perante você, ser perfeito, ou corresponder ao seu modelo idealizado dele, ou seja lá o que for. Se ele comete um "erro", não apenas terá de lidar com as suas próprias consequências, mas irá sentir-se responsável pela sua felicidade também.

Além disso, quando você tem a falsa ideia de que precisa dele para ser feliz ou fala para ele várias vezes que ele a faz feliz, você desperdiça todo o seu poder. Seu bem-estar está constantemente à mercê de outra pessoa. Você fica menos poderosa, e uma mulher sem poder, minha querida, é qualquer coisa *menos* irresistível.

Insegurança constante

> *"Eu pareço gorda com essa roupa?"*
> *"Você ainda me ama?"*
> *"Você acha que ela é mais bonita do que eu?"*
> *"Eu sou bastante atraente para você?"*

A insegurança constante deixa os homens furiosos e alimenta a ilusão do seu ego de que você é deficiente em alguma coisa e "menos que" alguma coisa. Quando você acolhe os pensamentos de insegurança, você cava um buraco sem fundo que nunca pode ser preenchido, independentemente de quantas promessas receba. Isso acontece porque a ideia de que você é "menos que" é falsa. Ela é uma ilusão. Uma ilusão nunca pode ser eliminada porque, antes de tudo, não é algo real.

Insegurança e falta de confiança pertencem ao conjunto humano natural de emoções e nunca desaparecerão completamente. Tenha certeza que todo mundo no planeta tem sentimentos de "Eu não sou boa o suficiente" aqui e ali. A chave para ser irresistível não é favorecer ou impedir que esses pensamentos surjam. Não resista a eles também! Simplesmente permita-se notar ou observar aqueles sentimentos e dizer "Hum... não é interessante?", ou, melhor ainda, "Estou pensando naquilo de novo... e daí?" e redirecione a sua atenção para o exterior. Quando surgirem sentimentos de insegurança, permita-lhes simplesmente passar pela sua mente como nuvens flutuando pelo céu.

Não bloquear pensamentos inseguros é uma habilidade que pode ser aprendida e sem dúvida uma obrigação, se você quer ser irresistível. É como se você pudesse tanto investir em sua falta de confiança como na sua irresistibilidade. Eu sugiro a última.

Aqui está uma dica: se você acha que aparenta estar gorda quando usa determinada roupa, provavelmente você está mesmo. Eu sei que parece cruel, mas é verdade. Nem todas as roupas foram feitas para todos os tipos de corpo. Prefira roupas em que você sabe que fica fantástica e que ressaltem seus atributos. Abra o guarda-roupa com uma amiga de confiança e elimine as roupas que fazem você se perguntar: "Eu pareço gorda?".

Aqui está outro ponto importante. Não importa o quão magra, bem-sucedida ou atraente você seja, a insegurança não desaparece. Isso acontece porque você nunca consegue discernir um falso pensamento interno de uma realidade externa. É como tratar o sintoma em vez de curar uma doença. O modo de curar a doença da insegurança é se permitir sentir-se insegura (em outras palavras, não resistir a ela). Mas também não insista nela. Em vez disso, direcione a sua atenção para o que está acontecendo ao seu redor. O que pode significar ouvir uma conversa até o fim, ou tomar uma atitude de organizar a sua mesa. Onde quer que você concentre a sua atenção, a energia flui. Se você simplesmente notar pensamentos de insegurança sem tomá-los como pessoais ou fazer com que eles adquiram algum significado, verá que eles ocorrerão com menor frequência. Você também fortalecerá a sua habilidade de permanecer presente e comprometida em sua vida – que é a chave para libertar a sua autêntica irresistibilidade.

Para ser honesta, a maioria de nossos pensamentos é pura tagarelice mesmo (sim, é um termo científico). Nada tem sentido, além daquele que atribuímos. Com a prática, podemos treinar para não levar nossos pensamentos tão a sério ou para o lado pessoal – especialmente os que não são estimulantes. Quando eles aparecerem, simplesmente diga "Obrigada por me avisar", e siga a sua vida.

HÁBITO NÃO ATRAENTE Nº 3:
Comunicadora incompetente

As mulheres geralmente cometem erros de comunicação que enfraquecem sua irresistibilidade e fazem com que os homens saiam correndo antes que você consiga pronunciar as palavras "casamento e filhos"!

Antes de tudo, a maioria de nós não escuta de verdade. O que fazemos é julgar se gostamos ou não do que o homem está dizendo, decidir se concordamos ou não com o que ele está fazendo, ou determinar se já sabíamos disso. Nós também ouvimos para ver se o que ele está dizendo se encaixa na nossa programação (aquela de arranjar um namorado, casar e ter filhos). Isso não é ouvir de verdade.

Ouvir de verdade acontece quando você se livra daquelas conversas mentais internas e simplesmente ouve o que o homem está lhe dizendo a partir da perspectiva dele, como se o que ele estivesse dizendo fosse a coisa mais importante do mundo e você precisasse ouvir cada palavra. Não interprete, analise ou tente ler as entrelinhas. Não diga "Em outras palavras...", deduzindo o que ele quer dizer. Apenas aceite.

Quando você ouve de verdade, torna-se instantaneamente atraente. Ao ouvir um homem de verdade, você faz com que ele se sinta especial e querido de uma maneira muito poderosa. Se há uma química entre vocês, ele continuará a compartilhar cada vez mais de si mesmo porque você está sendo aberta e receptiva ao que ele realmente é (não quem você está tentando fazer com que ele seja). Eu não consigo enfatizar esse ponto o suficiente. Se você realmente quer deixar todos os homens aos seus pés, torne-se uma mestra em ouvir as pessoas.

O segundo erro de comunicação que as mulheres cometem é falar sobre outro homem. Ex-namorados, ex-maridos, outras pessoas com quem estão saindo atualmente, ou como seus amigos homens são legais – todos esses tópicos tornam-se agressivos e desconfortáveis se não tratados com cuidado. Aqui está uma grande dica: se estiver em dúvida, deixe outros homens fora do seu relacionamento. Não há necessidade de divulgar detalhes da sua história romântica ou sexual com outros homens para instigar a competição. Aquelas imagens e histórias do passado irão apenas assustar o seu parceiro atual e criar um ciclo cármico de tortura em ambos com jogos de ciúmes.

Terceiro, muitas mulheres sentem a necessidade de "falar sobre as coisas" durante e depois do sexo como se esse fosse o melhor momento para seu parceiro se abrir e falar dos seus verdadeiros sentimentos. Não, não e não! Pressionar um homem a se abrir durante ou depois do sexo não é recomendado, particularmente quando estiver apenas saindo com ele. Os efeitos colaterais dessa pressão em um homem incluem sentimentos de frustração, isolamento e, às vezes, extrema confusão.

Sexo é uma oportunidade incrível para simplesmente se divertir, ser atraente, desejada e livre. NÃO se trata de tentar chegar a algum lugar ou levar as coisas "para o próximo nível". Se você está transando para que um homem se abra com você, então releia o **Capítulo 3**. Fazer amor é o ato no qual você e outro ser humano se libertam, exploram e sentem prazer. Isso é extremamente saudável e bom para a mente, o corpo e a alma. Pense em sexo como uma forma de ioga. Ao final da aula, você precisa deitar na posição de *Savasana* ("posição do cadáver", em português) para conseguir absorver todos os benefícios das posturas intensas que você realizou. Você simplesmente se deita em um estado de contentamento e respira. É a mesma coisa com sexo. Depois de transar, permita que vocês simplesmente relaxem e absorvam toda a energia restauradora e rejuvenescedora que criaram juntos. Se, em um "próximo nível", uma conversa se desenvolver naturalmente, fantástico. Mas não force nada. Aproveite a sua natureza irresistível e o quão extraordinário é simplesmente estar com outro ser humano.

HÁBITO NÃO ATRAENTE Nº 4:
Visual feio e desarrumado

Vamos ser honestas, o quanto a sua aparência é importante? Sim, os homens irão amá-la pelas suas maneiras carinhosas e afetuosas, pelo seu senso de humor espirituoso e contagiante, e pelo seu charme irresistível e malicioso, mas cá entre nós agora, é preciso lhes dar a chance de experimentar todo o seu esplendor ao embrulhar tudo isso com uma embalagem atraente!

Tantas mulheres bonitas ficam relaxadas e se perguntam por que não atraem mais os homens. Se você ganhou uns quilinhos a mais, parou de se cuidar, ou pensa que uma roupa que combina com você é o seu "uniforme", é hora de verificar a realidade. Quanto a sua aparência causa impacto em como você se sente? Se você está mal vestida, provavelmente está se sentindo mal, e os homens estão sentindo o seu mal-estar também. Quando as mulheres ficam muito confortáveis em suas relações, elas tendem a parar de se preocupar com a aparência. Alguns homens podem aceitar essa situação durante algum tempo (especialmente se eles estiverem na mesma espiral descendente), mas, para muitos, essa falta de cuidado é o começo do fim. Quando vocês se tornam um casal, é fácil relaxar. Mas não faça isso. Isso inclui sua higiene pessoal (hálito, dentes e, sim, as partes íntimas). Embora fazer sexo suada depois da academia possa ser excitante e tentador, falando no geral, as mulheres irresistíveis mantêm-se limpas e perfumadas.

Empenhe-se no cuidado pessoal todos os dias. Preste atenção em como você está se arrumando. Pessoalmente, eu tenho sorte, porque a minha mãe foi um exemplo sensacional nesse departamento. Mesmo que ela gastasse pouco dinheiro em roupas caras e jóias, ela sempre parecia fantástica. Ela se exercitava durante uma hora por dia e "ficava bonita", como ela mesma dizia, tomando banho antes de o meu pai chegar em casa do trabalho. As roupas dela eram sempre limpas e a maquiagem era bem aplicada com habilidade e cuidado. Até mesmo as camisolas confortáveis que ela usava em casa combinavam com os chinelos!

Esse é o ponto: você não tem de ficar obcecada em conseguir algum ideal de perfeição irreal, mas preste atenção e cuide-se.

Atitude fria e amarga

As mulheres que apresentam atitudes frias e amargas geralmente têm uma determinada aparência magra (geralmente muito magra) e feia. Elas aparentam ser insensíveis e cansadas. É como se o espírito meigo e feminino e o seu charme tivessem sido sugados com um canudo. Mulheres frias e amargas geralmente são muito sérias com tudo e acreditam que a vida e, especialmente, os homens, fizeram com que elas ficassem assim. Elas podem passar a ter um humor sarcástico e mordaz, de modo que as suas conversas geralmente se transformam em festivais de reclamações.

Uma atitude fria e amarga é resultado de uma raiva reprimida. A maioria de nós aprendeu que a raiva é ruim e não condiz com uma mulher. Nós temos dificuldade em nos permitir realmente experimentar a raiva e, portanto, desenvolvemos o hábito de suprimi-la na esperança de que ela desapareça, ou, ao menos, que não seja vista. O problema é que suprimir alguma coisa não faz com que ela desapareça. Na verdade, tentar não sentir alguma coisa é uma forma de resistência, e como ao que você resiste, persiste e se torna mais forte, não é de se admirar que a raiva suprimida leve a uma perspectiva fria e amarga da vida.

Ainda bem que você não precisa de anos de terapia ou de administração de raiva para se livrar dela. Simplesmente permita-se sentir raiva quando ela se manifestar. Experimente a emoção. Observe-a. Permita que ela exista e depois a deixe ir embora. Se você a reprimir por um tempo, pode sentir raiva desmedida quando tentar senti-la pela primeira vez. Por exemplo, se o seu namorado deixa a toalha jogada no chão de novo, e você se permite experimentar como está se sentindo, pode notar um forte desejo de explodir e causar uma grande briga. Eu não sugiro que faça esse tipo de coisa. Muito provavelmente você sentiu alguma raiva antiga (bem antiga... como aquela quando você tinha cinco anos e roubaram seu pirulito) que finalmente teve uma chance de vir à tona. Somente se for apropriado expressar e discutir a situação, faça isso. Senão, simplesmente experimente a sensação de raiva e siga a sua vida.

Aqui está o lado bom sobre ser fria e amarga: há um jeito de mudar isso e se chama "relaxar". Se você tem a ideia equivocada de que a vida ou os homens têm lhe deixado dessa forma, está se colocando no papel de vítima e precisa de um novo papel para desempenhar. Que tal esse: tente ser a Estrela, a Heroína, a Protagonista da sua vida. (Muito mais atraente, não acha?) Lembre-se: não há vítimas irresistíveis.

Você pode tanto ser uma menina irresistível como uma vítima fria e amarga. A escolha é sua.

Hábito não atraente nº 6:
Maldosa e crítica

Muitas mulheres acham desafiador reconhecer e elogiar outras mulheres irresistíveis, especialmente quando estão na presença do seu parceiro. As inseguras criticarão as roupas, os sapatos, a bolsa, o cabelo, o corpo, a maquiagem ou o sucesso da outra mulher. Essas mulheres maldosas e críticas erroneamente acreditam que acabar com outra mulher irresistível afetará de alguma forma a imagem dela e impedirá que o seu homem considere a outra desejável. Nada poderia ser mais distante da verdade!

Antes de tudo, criticar outra mulher afeta a sua imagem. Você será vista como maldosa, insegura e ciumenta. E vamos ser honestas: seu homem provavelmente avistou a outra mulher pelo menos uns 10 minutos antes de você, então por que fingir que não?

Aqui está outra coisa: ao falar mal de mulheres atraentes, você inconscientemente programa a si mesma para não ser uma. O universo é como uma grande máquina copiadora que lhe envia de volta as cópias do que você "pediu" por meio dos seus pensamentos. Ao ser maldosa e crítica, seus pensamentos estão enviando "ser atraente é ruim" para o universo e ele não tem outra escolha senão dizer "Sim, mestra! Ser atraente é ruim". Como nenhuma de nós quer ser "ruim", não nos permitimos ser atraentes, ou, o que é terminantemente proibido, irresistíveis.

Mas vou lhe dizer o que fazer. Quando você notar outra mulher sexy, silenciosamente a elogie dizendo "É isso aí garota, vá em frente!", isso recondicionará a sua mente para aprovar o fato de ser atraente e o universo não terá outra escolha senão dizer "Sim, mestra!" e apoiar você a ser tão atraente quanto deseja. Pessoalmente, gosto de apontar para mulheres atraentes para que eu e o meu parceiro possamos desfrutar desse colírio para os olhos. É divertido, incentiva a honestidade entre nós e a conclusão é que ele está indo para casa comigo e não com ela.

HÁBITO NÃO ATRAENTE Nº 7:
Uma chata na cama

Embora nenhum homem em sã consciência tenha coragem de dizer, sexo chato é a causa frequente de rompimentos e relacionamentos que chegam ao fim. Isso não quer dizer que você tem de instalar um poste de *striptease* no quarto ou vestir uma fantasia (embora ambos possam se divertir bastante, se fizer isso), mas você deve investigar suas próprias ideias pessoais de sexualidade e dizer para si mesma a verdade sobre o que a está atrapalhando debaixo dos lençóis. Eu imagino que até certo ponto seja você. (Vamos encarar a realidade... às vezes, todas nós fazemos isso!)

Sexo entre dois adultos conscientes é um evento bonito e revitalizante. É uma das experiências mais divinas do mundo e pode ser uma incrível expressão de intimidade e vivacidade. É também uma maneira excelente de fortalecer seus músculos irresistíveis.

Por favor, repita comigo em voz alta: "Eu adoro sexo, eu adoro sexo, eu adoro sexo".

Ótimo. Agora diga isso para si mesma pelo menos umas cinco vezes por dia. Sete vezes, se for católica (é brincadeira... bem, nem tanto).

A maioria de nós, percebendo ou não, foi culturalmente condicionada para acreditar que o sexo é ruim. Ainda que confessemos gostar de sexo, estamos tão imersas em uma sociedade que considera o sexo sujo, vergonhoso e pecaminoso que geralmente não nos sentimos confortáveis em falar francamente sobre isso ou agirmos no sentido de desenvolver proativamente nossa perícia sexual.

Um subconjunto que pratica sexo chato está tendo relações sexuais apenas para acabar logo com isso. Eu não consigo pensar em nada menos atraente que uma mulher que se deita revendo mentalmente sua lista de compras ou fica olhando as rachaduras do teto enquanto seu parceiro está suando a camisa para tentar dar prazer a ela. Muitas mulheres "cedem" para que ele pare de insistir, então apenas se deitam e fingem-se de mortas. Caso você não tenha notado, esse método não funciona para você que quer ser irresistível e ter relacionamentos mágicos e satisfatórios.

Eu sugiro que exerça o seu lado "safadinha" e pratique sexo com muito mais frequência. Uma boa forma de apimentar as coisas é aprender como fazer um *striptease*. Há toneladas de DVDs instrutivos no mercado e aulas sobre o assunto nas cidades maiores. Como dançarina e instrutora de ginástica, uma das minhas aulas preferidas é ensinar a arte do *strip*. As palavras não podem descrever o quanto é revigorante assistir às mulheres conseguirem se livrar de sua inibição bem diante dos meus olhos e descobrir a beleza, a elegância e a fonte de sexo que há dentro delas. As pessoas verdadeiramente se transformam nessas aulas e se sentem mais sexys e mais confiantes do que podem imaginar.

Outra coisa boa a fazer é comprar uma bela *lingerie* que faça você ficar e se sentir sexy. Use ao menos uma peça que seja prática no dia-a-dia, então poderá despertar um pouco dessa safadinha que há em você o dia todo.

Por fim, mas não menos importante, permita-se receber prazer de um homem. Você não pode dar a ele presente melhor do que deixar que ele a satisfaça sexualmente. Muitas mulheres não estão acostumadas a simplesmente receber isso. Quer saber de uma coisa? Conquiste isso. Se você quer deixar todos os homens aos seus pés, está dando um passo fora da zona de conforto e permitindo se sentir bem – realmente bem – em uma base consistente.

Não use a desculpa de que ele não sabe como lhe satisfazer, pois ele não tem bola de cristal e o corpo de cada mulher é diferente. Diga a ele, mostre a ele, guie-o. Você e ele irão se amar por isso.

Essa é a ideia: ser chata na cama é uma consequência do medo, medo de parecer idiota, medo de não saber o que fazer, de rirem de você, ou de ser totalmente rejeitada. Mulheres irresistíveis sentem medo e fazem sexo bom mesmo assim. Lembre-se, a prática leva à perfeição!

Nada é mais eficiente para dar um pontapé no medo como a ação consistente. Quando os pensamentos de medo surgirem, e você sabe que eles virão, diga "Obrigada por me avisar", e vá ser a garota safada que você sabe que é.

☙ —— QUESTÕES PARA DISCUSSÃO —— ❧

1. Com que frequência você diz coisas como "Eu senti saudades de você" ou "Você me faz tão feliz", como uma expressão de verdadeiro apreço em vez de um desejo inconsciente de "atrair" a atenção ou a afeição de alguém? Quanto do seu comportamento é designado para conseguir algum tipo de validação ou aprovação? Como seria ser apenas você?

2. Você se junta às amigas quando elas estão sendo maldosas ou estão criticando outras mulhe-

res irresistíveis? Mesmo que não faça esse tipo de coisa, você fica em silêncio, ou fala e oferece uma possibilidade diferente? Você quer apoiar as suas amigas ao abrir a porta para a transformação irresistível delas?

Desafio da Ação Irresistível

1. Livre-se de cada item de "baixa autoestima" que há dentro do seu guarda-roupa. Você sabe, aqueles trajes "especiais" que fazem você se sentir mal arrumada, desalinhada e pelo menos 10 quilos mais pesada no instante em que as veste. Esse é um grande desafio para você tentar junto com as suas amigas.

2. Pratique ser a ouvinte verdadeira. Note com que frequência você termina a frase das pessoas (mentalmente ou em voz alta) e as interrompe. Imagine que a pessoa que está falando tem uma pérola de sabedoria para lhe contar e que ela mudará profundamente a sua vida. Mas, para recebê-la, você tem de lhe dar completa atenção e permitir que ela fale sem interrupção. Aceite que ela pode divagar um pouco antes de conseguir realmente chegar à parte boa depois.

3. Você tende a deixar a sua aparência de lado? Marque manicures/pedicures, tratamentos faciais e para o cabelo nos próximos seis meses.

4. É chegada a hora de ser sexy. E não há jeito melhor do que servir-se de um buffet de diversões picantes. Alugue filmes adultos e leia um romance erótico. Identifique o que faz o seu motor acelerar. Divirta-se levando a vida para o lado sensual.

PARTE 2

Oito segredos para magnetizar os homens

Acredite naquela pequena voz interior que diz: "isso pode funcionar, e eu vou tentar"!
— Diane Mariechild, escritora

Capítulo 4

Segredo nº 1:
Mande as regras para o inferno

A regra de ouro é que não há regras de ouro.
— George Bernard Shaw,
escritor e dramaturgo irlandês

Eu tenho de dizer que as regras são muito restritivas. Para não mencionar que elas não funcionam – especialmente quando estamos falando de relacionamentos.

Quando você aplica uma regra, que é uma decisão que você tomou sobre alguma coisa no passado (geralmente durante um momento triste), você estraga o momento presente e abdica de infinitas possibilidades. Você contamina seu futuro com informações geralmente imprecisas e obsoletas baseadas em eventos passados. Cada momento é um novo momento único e brilhante porque não aconteceu antes. Nunca.

As regras e técnicas sobre encontros foram criadas para acabar com o medo e a insegurança. Elas existem para deixar o seu parceiro confuso e "mantê-lo curioso" a seu respeito de forma que ele continue prestando atenção em você em vez de viver a plenitude da própria vida dele. Você não quer isso. Isso não é amor de verdade – é um jogo de manipulação sem fim.

Regras acabam com a sua irresistibilidade

Nosso universo está sempre se expandindo. O que inclui você. Eu tenho certeza que você é mais esperta, mais experiente e mais centrada do que era há dez anos. Basear a sua abordagem do amor em regras que podem, ou não, ter funcionado no passado (mesmo que o passado seja 20 minutos atrás) é como seguir um mapa para um destino que não existe mais. Quando você segue regras no amor, acaba com toda a sua irresistibilidade e animação. Não há criatividade nas regras – não há espaço para novas possibilidades ou algo maravilhoso que possa surgir do desconhecido.

Geralmente as regras são as verdades de outra pessoa que você adotou como suas. Muitas mulheres absorveram inconscientemente as regras de outras pessoas de sua religião, família e da mídia. Outras adotaram materiais de autoajuda que encorajam a manipulação, e acham mais fácil seguir algum sistema em vez de tentar descobrir a sua própria verdade.

Aqui estão algumas regras sobre encontros que são bastante comuns e enfraquecem e arrasam a irresistibilidade autêntica:

- Nunca ligue para um homem.
- Não faça contato visual com os homens.
- Não fale muito.
- Não transe no primeiro encontro.
- Nunca saia com mais de um homem ao mesmo tempo.
- Não dê o primeiro passo.
- Não convide um homem para ir à sua casa.
- Nunca saia com um homem mais baixo que você.

Eu digo: Regras, e daí?

Há vezes em que telefonar para um homem é exatamente o que temos de fazer. Contato visual pode ser muito sexy. Falar pode ser divertido. Sexo no primeiro encontro pode levar a um relacionamento intensamente satisfatório e duradouro. Sair com vários homens pode ser divertido e excitante.

Algumas vezes esses comportamentos não funcionam e acabam com a sua irresistibilidade. No entanto, não é por causa de uma "regra". É por causa de quem você está sendo quando telefona, olha, transa, sai com alguém etc. Você pode quebrar qualquer regra do livro quando está completamente concentrada e consciente porque está em contato com a sua irresistibilidade.

Quem você é faz toda a diferença

Quem você está sendo faz toda a diferença no mundo quando falamos de irresistibilidade autêntica.

Se você está sendo carente (veja o Hábito não atraente nº 1 no **Capítulo 3**) quando você telefona para um homem, é porque ainda não percebeu que um relacionamento não irá salvá-la (veja a Verdade nº 1 no **Capítulo 2**); na verdade você irá repelir os homens.

Se você está transando com um homem porque acha que isso o fará amá-la mais e querer estar com você, não compreendeu que não pode mudar a forma como um homem se sente (Verdade nº 4 no **Capítulo 2**) e ficará desapontada e se sentirá usada (ironicamente, não porque ele a usou, mas porque você mesma fez isso ao tentar manipular outro ser humano).

Se você quer se casar e ter uma família porque acha que essa é a garantia de que ele irá amá-la para sempre ou que finalmente vai conquistar a segurança financeira que tanto sonhou, você pulou a parte em que eu disse que se você quer garantias do amor, você não quer o amor (Verdade nº 5 e Verdade nº 2, ambas no **Capítulo 2**), e que relacionamentos são oportunidades espirituais e não uma troca de necessidades.

Quer saber mais? Digamos que você use as regras ou técnicas para segurar seu homem. Digamos que tenha seguido todos os passos e conseguiu conquistá-lo graças a todo um conjunto estratégico de jogos manipuladores. Mas o que acontece depois?

Para conseguir mantê-lo ao seu lado, você terá de continuar representando esse personagem pelo resto da sua vida. Você terá de mentir incessantemente sobre o que funciona e o que não funciona para poder aceitar e executar "as regras". Você nunca será capaz de se expressar de forma completa e autêntica, ou dar e receber amor incondicional, porque isso não faz parte do grande plano de jogo calculado para mantê-lo aos seus pés.

Relacionamentos produzidos a partir de regras requerem constante e exaustivo autocontrole e subserviência total. A minha sugestão é: mande as regras para o inferno!

Manipulação nunca produz profunda intimidade amorosa ou relacionamentos satisfatórios. Amor verdadeiro e duradouro nasce da autenticidade, da comunicação e da disposição de se entregar completamente a outro ser humano.

Você não precisa de regras. Você precisa de verdade. Da sua verdade. Da verdade dele. Da verdade de vocês dois – comunicada um ao outro em um espírito de respeito e compaixão, livre de acusações, culpa e manipulação. Não há nada mais sexy que uma mulher que é descaradamente ela mesma – honesta a respeito de seus sentimentos, autêntica em suas expressões e segura o suficiente para expressar suas inseguranças quando elas aparecem.

É no reino das possibilidades sem limites, sem regras, que o amor verdadeiro vive. Por meio da franqueza, e não da manipulação, relacionamentos maravilhosos acontecem. E é a partir da integridade, da autenticidade e do autorrespeito que a sua irresistibilidade florescerá.

Desafio da Ação Irresistível

Quais regras você seguiu até agora? Escreva-as.

Então, pergunte-se: onde você as aprendeu? Elas estão funcionando para você? Quanto está querendo parar de seguir esse velho modelo de "regras" e adentrar o mundo das possibilidades sem limites?

Capítulo 5

SEGREDO Nº 2:

Jogue no lixo a sua Receita do Homem Perfeito

Se você julga as pessoas, não tem tempo para amá-las.

– Madre Teresa

Há cinco anos eu tinha um tipo de homem ideal. A minha própria receita do homem perfeito era: não muito alto, italiano (ou do tipo italiano), católico, com três anos a mais ou a menos que eu, que nunca tivesse se casado, e com um certo ar de quem é de Nova Jersey. Sem filhos (sem querer tê-los em breve também) e de preferência esperto, compreensivo, que usasse roupas sociais (nada do tipo artístico ou criativo). Eu não podia nem pensar em ficar com alguém que não se encaixasse nesse perfil. Aliás, imagine como eu pensava para poder estabelecer esses critérios para conseguir arrumar um namorado. Eu estava inconscientemente agindo baseada nas coisas que assimilei durante a minha formação, de acordo com a família e a cultura em que estive inserida.

Meu ideal do Homem Perfeito foi para o espaço quando comecei a viver a minha vida sem rodeios e passei a investigar como estava agindo, da mesma forma que você está fazendo agora. Foi muito legal para mim. Eu descobri mundos de homens completamente novos que existiam lá fora. Para a minha surpresa (e para a dele), eu me apaixonei perdidamente por um cara chamado Josh, um ator/escritor/diretor judeu, muitos anos mais velho que eu, divorciado e com um filho de nove anos.

Ahá! Exatamente o oposto do que eu achava que me faria feliz. Quase o inverso do meu ideal do Homem Perfeito.

Eu falo por experiência própria: o que eu conheço agora em termos de amor, relacionamentos e intimidade está muito distante do que eu poderia imaginar antes de tê-lo conhecido. Minhas ideias do Homem Perfeito eram tão pequenas, limitadas; não chegavam nem perto da realidade e da plenitude que vivo com Josh diariamente.

O que me levou a descobrir a minha verdade (e Josh) foi um desejo de me livrar completamente das ideias a respeito do que eu acreditava que me fariam feliz para permitir que algo novo e completamente desconhecido aparecesse. Antes de encontrá-lo, a minha mente estava tão cheia de antigos pensamentos, julgamentos, restrições e critérios para o Homem Perfeito, que eu era incapaz de ver qualquer outra coisa que existisse.

Idealizar o Homem Perfeito torna quase impossível atrair o homem certo para você. Suas ideias de "perfeito" são estreitas e limitantes. Elas vêm do que você já sabe, o que significa que elas derivam do passado – de uma versão de você menos expansiva, menos experiente e menos irresistível.

Consciente disso ou não, seu ideal do Homem Perfeito está lhe afastando dos milhares de homens disponíveis e adoráveis. Ele age como se um filtro restritivo selecionasse, classificasse e fizesse uma triagem das pessoas com quem você irá pensar em sair. Essa é uma barreira autoimposta ao amor e elimina a possibilidade de muitas mulheres terem um relacionamento mágico. Seu ideal provavelmente já se transformou em uma fantasia mental. Algo que eu gosto de chamar de...

O mito do Homem Ideal

Você conhece esse cara. Ele é a figura idealizada que você tem da pessoa com quem deveria passar o resto da sua vida. Claro, nenhum homem mortal conseguirá competir com ele. É um mito porque é baseado em uma história de quem você acha que lhe fará feliz. Ele é fictício – uma fantasia criada com base em seus sonhos e em informações limitadas e restritas do seu passado. Ele é um homem construído em sua mente, não um homem real na sua cama.

Eu lhe pergunto: e se a sua imagem atual for míope? E se houver alguém lá fora com qualidades incrivelmente maravilhosas que você não pode nem imaginar? E se você estiver vivendo muito mais a sua fantasia do que a realidade? Se depois de apenas alguns segundos que você conheceu alguém, inconscientemente o compara ao seu Homem Ideal e convenientemente o julga como se ele não fosse "o cara", então você pode evitar o desafio e a intimidade de um relacionamento real?

Você está pronta para se livrar do que você acha que irá fazê-la feliz para poder descobrir algo mais estimulante, íntimo e afetuoso do que você já imaginou? Você é corajosa o suficiente para ter um relacionamento real com um homem de verdade?

E se a ideia do Homem Ideal for completamente falsa? E se não existir o Homem Errado? E se cada relacionamento – não importa o quanto dure – contém uma lição valiosa que proporcione uma oportunidade para crescer e desenvolver o seu "eu" sublime?

Desafio da Ação Irresistível

Descreva sua Receita de Homem Perfeito e faça uma lista de todos os traços do caráter desse mito do Homem Ideal. Isso inclui todas as formas por meio das quais você seleciona, classifica e faz uma triagem dos parceiros em potencial. Com quem você não sairia, ou em quem nem mesmo consideraria dar uma segunda olhada? Cor do cabelo, altura, raça, idade, ocupação, renda etc. são algumas ideias para começar.

Pronto? Ótimo. Agora ponha fogo nela.

Uma última coisa. Você é uma deusa. Uma rainha. Você sabe muito mais do que acha que sabe e isso não vem da sua mente. Nasceu do seu espírito – do seu conhecimento interior, seu "eu" sublime, da inteligência divina dentro de você. Você é intuitiva, sensitiva e sábia.

Para conseguir libertar a sua autêntica irresistibilidade, você tem de querer sair dos confins da sua mente e se abrir para as possibilidades ilimitadas do universo. Tenha certeza de que se abrir para suas possibilidades não significa que o homem pelo qual você se apaixonou não terá as qualidades que você deseja. Isso só significa que você parou de viver baseada naquelas ideias e pensamentos antigos e autolimitantes e descobriu o que é verdade para você agora.

Por que se restringir a alguma ideia inventada de uma pessoa com quem deveria estar? E se alguém que você jamais imaginou nem em seus sonhos mais loucos estivesse bem aí na esquina esperando por você, se desse abertura suficiente para ele? Por que impor barreiras ao amor?

Outro Desafio da Ação Irresistível

Deixe de procurar pelo Homem Ideal e simplesmente se divirta um pouco. (Que conceito!) Diga três vezes em voz alta agora mesmo:

Eu saio para me <u>divertir</u>, não para encontrar o cara certo!
Eu saio para me <u>divertir</u>, não para encontrar o cara certo!
Eu saio para me <u>divertir</u>, não para encontrar o cara certo!

Pare de pressionar a pessoa com que estiver saindo e a si mesma. Desperte seu espírito feminino e comece a se divertir agora mesmo. Brinque. Ria. Seja boba. Aventure-se em seus casos. O que você tem a perder além da sua solteirice? Confie na sua intuição. Se você se sentir atraída por alguém que não é o "seu tipo", saia com ele mesmo assim e se abra para novas possibilidades.

Você nunca sabe o que pode encontrar.

Capítulo 6

SEGREDO Nº 3:

Homens X Mulheres – Todo mundo sai perdendo!

Saiba que não há nada a fazer senão julgar.
O que você faz depois com o seu julgamento é
a escolha.

— Story Waters, escritor e mestre espiritual

A maioria de nós já ouviu o termo "guerra dos sexos". Ele se refere ao fato de que a maior parte dos homens e mulheres trava uma luta constante para provar quem é melhor que o outro. Os homens estão tentando provar a sua superioridade sobre as mulheres, enquanto elas fazem o mesmo. Apesar dos avanços sociais e políticos das mulheres no último século, essa guerra dos sexos ainda existe em nossa sociedade e, se não for analisada, prejudica a nossa habilidade de atrair, manter e desfrutar de relacionamentos saudáveis com os homens.

Essa rivalidade de homens contra mulheres vem sendo culturalmente transmitida de geração em geração, desde o início dos tempos. E todas nós, reconhecendo ou não, fomos profundamente influenciadas por isso. Até que você se torne completamente consciente de todas as nuances de sua existência, inconscientemente participa dessa guerra e está destinada a se comportar de uma forma que desgastará a sua irresistibilidade. Esse desprezo irrefletido pelos homens, por outro lado, surgirá e sabotará um relacionamento saudável.

Eis o que acontece. Aqui e ali você absorve mensagens (consciente e inconscientemente) que reforçam a guerra dos sexos. Em artigos de revistas, programas de TV e conversas casuais, nós somos bombardeadas com estatísticas, histórias e observações que provam que um gênero é mais esperto, aprende mais rápido, vive mais que o outro. Até mesmo os amigos e a família geralmente influenciam e alistam você na luta contra os homens. Você participará de piadas que criticam os homens ou fará telefonemas demorados para as amigas só para falar de quão insensíveis, mal comunicativos, indignos de confiança, egoístas, preguiçosos e sem comprometimento todos os homens são. A minha tia Sally diria: "Minha querida, não há nada que você possa fazer... todos os homens são assim". Ou sua melhor amiga diria: "Você conhece os homens – eles simplesmente não entendem". Lá no fundo, você se sente "enganada" pelos homens e pode dizer ou fazer coisas (intencionalmente ou não) que os deixe na defensiva, faça-os se sentirem menosprezados ou inadequados.

Muitas mulheres solteiras que eu conheço têm um hábito de sistematicamente emascular os homens e ainda se perguntam por que estão sozinhas ou em um relacionamento combativo. Vamos tomar a história da minha cliente Ali como exemplo da conversa inocente de todos os dias que a mantém presa à guerra dos sexos.

A história da Ali

Ali é uma publicitária de 31 anos da área de moda. Ela é loira, atraente e financeiramente bem-sucedida. Ali tem tido vários relacionamentos que terminaram de maneira ruim e está ansiosa para arrumar alguém com quem possa começar uma família. Ela recentemente começou a sair com Mike, um analista de negócios de alto escalão. Depois de algumas semanas que estava saindo com ele, Ali teve a seguinte conversa com a sua amiga Sharon.

Ali: Sabe, Mike ligou para cancelar o nosso jantar de hoje à noite porque ele tem de apresentar um grande projeto no trabalho amanhã. Ele disse que me levaria para jantar na sexta à noite, mas eu estou chateada.

Sharon: É coisa típica de homem mesmo. Eles são tão insensíveis – só se preocupam consigo mesmos.

Ali: Você acha que todos são assim?

Sharon: Claro que são. E isso fica pior quando você passa a morar com eles. Você acha que o Gary sempre me ajuda a limpar o nosso apartamento? Não posso nem pensar em pedir a ele que arrume a cama ou tire o lixo. Em vez disso, ele senta aquela bunda gorda no sofá o dia todo e assiste à TV. Homens!

Caso você não tenha entendido, Ali acabou de se alistar na guerra dos sexos contra os homens. Muito provavelmente, ela irá punir Mike não transando, agindo sutilmente distante e esperando que ele adivinhe porque ela está chateada. Essa atitude não é recomendada. Se você quer ser irresistível e ter relacionamentos mágicos, você tem de parar de olhar para os homens como se eles fossem uma espécie diferente criada para te atrapalhar. Isso não é muito diferente de discriminação racial ou religiosa. Comece olhando para os homens e para as mulheres como pessoas únicas e individuais.

Muitas mulheres perguntam: "Onde estão os homens de verdade?" ou reclamam: "Não há homens solteiros suficientes da minha idade. Todos eles querem mulheres mais jovens". As mulheres que emitem comentários como esses não conseguem ver, pois desconhecem, que elas nutrem um profundo desprezo pelos homens. Inconscientemente procuram modos de provar que os homens agem de forma errada, pensam de maneira errada, comportam-se mal, portanto, estão errados. É impossível atrair um relacionamento afetuoso e satisfatório com um homem, e fazer isso durar, se você é do tipo que odeia os homens, secretamente ou não. Aqui estão algumas tendências a serem identificadas:

• Você compete com os homens profissionalmente para provar que as mulheres são melhores.
• Você procura formas de provar que as mulheres trabalham mais.
• Você ri ou faz piadas que depreciam os homens.
• Você guarda ressentimentos, julgamentos ou reclamações contra o seu pai.
• Você passa mais tempo reclamando dos homens do que saindo com eles.

Seus pensamentos sobre os homens afetam a forma como eles se comportam com relação a você

Outro aspecto interessante da guerra dos sexos é que a maioria das mulheres esquece que seus pensamentos e julgamentos sobre os homens impactam a forma como eles se comportam em sua presença. Se você acredita que seus pensamentos residem na privacidade da sua mente, pense novamente. Seus pensamentos são palpáveis e repercutem nos outros. Se você julga alguém como incompetente, insensível ou idiota, a pessoa irá se sentir assim, incluindo os homens.

Algumas pessoas são mais habilidosas para notar e nomear esse tipo de energia, mas todo mundo é afetado por ela. Goste ou não, você tem um impacto sobre as pessoas, especialmente nos homens que estão ao seu redor. Pensar que todos os homens geralmente são idiotas, não confiáveis, insensíveis ou chauvinistas irá realmente fazer com que se comportem dessa forma com relação a você. É como se você estivesse empurrando-os naquela direção, dizendo: "Veja! Eu tinha razão. Todos os homens são idiotas".

No seu livro inovador, *Hado: mensagens ocultas na água*, o Dr. Masaru Emoto cientificamente prova que os pensamentos e sentimentos afetam a realidade física. Ele testou diferentes focos de intenção em moléculas congeladas de água e descobriu que a água congelada que recebeu palavras de amor como "gratidão", "obrigada" e "eu te amo" tinha belos, simétricos e complexos padrões moleculares de flocos de neve com tons de cores vibrantes. Em contraste, a água exposta a pensamentos negativos como "eu odeio você" e "você me deixa doente" tinham padrões moleculares incompletos, distorcidos e assimétricos com cores apagadas e turvas.

Quando você considera que aproximadamente 75% do corpo humano é composto de água, não é difícil notar que ter pensamentos como "todos os homens são idiotas" ou "eu odeio os homens" podem não apoiar a sua irresistibilidade.

Desafio da Ação Irresistível

Pare de guerrear com os homens procurando descobrir todas as formas como você faz isso. A não ser que tome consciência de como isso acontece, é impossível parar. Use as seguintes perguntas para lhe auxiliar:

1. Você permite que os homens sejam ridicularizados na sua presença? Mesmo que não participe diretamente, ficar perto de pessoas que emitem esse tipo de comentário reduz a sua energia e afeta a sua irresistibilidade. Comece a falar, ou se afaste desse tipo de conversa que estimula a disputa entre os sexos.

2. Quais pensamentos ou crenças sobre "todos os homens" você tem por verdade? Escreva-os. Eles contribuem ou prejudicam a sua irresistibilidade? Você quer vê-los apenas como antigos pensamentos que podem não ser seus? Você consegue se livrar deles?

3. Quanto você quer fazer diferença no mundo ao compartilhar sua visão com amigas

e a família quando tem uma conversa que estimula a disputa entre os sexos? Você consegue fazer isso de maneira que não deixe ninguém chateada, apenas apontando a futilidade do ato?

Capítulo 7

SEGREDO Nº 4:

Seus pais não erraram com você (e mesmo que eles tivessem errado...)

Não é o que acontece que nos atrapalha, mas os nossos pensamentos a respeito do que acontece.

– Epiteto

Nós vivemos em uma sociedade que está condicionada a colocar a culpa por tudo que acontece em nossas vidas no que os nossos pais fizeram ou deixaram de fazer durante a nossa formação. Ou seus pais foram muito presentes, controlaram e sufocaram você demais, ou foram relapsos o suficiente para deixá-la com "problemas para se comprometer".

Uma das maiores percepções que eu tive, que transformou completamente a minha irresistibilidade e a minha capacidade de ter um relacionamento bem-sucedido, foi entender de verdade que os meus pais não erraram comigo. Até os meus vinte e poucos anos, eu acreditava que tinha uma família problemática e que a minha infância havia sido levemente abusiva. Eu sempre culpava os meus pais pelas minhas próprias inadequações e relacionamentos que não davam certo.

Eu contava aos homens com quem eu saía histórias nas quais era a "coitadinha" e como a minha mãe era má e tinha errado na minha criação. Eu a descrevia como uma "neurótica por limpeza" e guardava ressentimentos contra ela por constantemente cobrar que eu fosse organizada. Embora eu não tivesse tantas histórias sobre o meu pai, eu achava que ele trabalhava demais e silenciosamente o culpava por não me poupar das exigências da minha mãe.

Você pode estar pensando... que louca!

A minha infância não foi nem problemática nem levemente abusiva. O único problema estava na minha pequena mente chata e mal-educada. Eu contava essas histórias sobre a "coitadinha", baseada nas memórias que eu estabeleci como difíceis, aquela da garota de classe média enlouquecida pelos hormônios que não gostava de receber ordens. (Como muitas outras adolescentes de classe média no planeta.)

Eu não tinha consciência do quanto é desafiador ser pai ou mãe, ou das complexidades e exigências que acompanham a organização e a criação de uma família. Como muitas crianças, eu era relaxada, alienada e precisava de disciplina. Olhando para trás com olhos mais maduros, agora eu tenho certeza absoluta que fiz coisas que deixaram meus pais loucos da vida! Não há dúvida que eu deixava o banheiro todo bagunçado e grudento por causa do meu spray de cabelo, e sempre parecia que tinha passado um furacão pelo meu quarto. As memórias da minha infância problemática não são todas exatas. Elas foram registradas na minha mente por uma versão muito mais jovem de mim – em um período em que eu estava chateada e tinha acessos de mau humor. Eu tinha uma perspectiva de criança que, pela sua própria natureza, é limitada e incompleta. Eu registrei a criação supernormal e responsável da minha mãe como algo problemático ou abusivo. Até que eu tivesse tomado consciência disso, arrastei essa versão da história comigo ao longo dos anos, como se ela fosse verdadeira – limitando a minha própria irresistibilidade e capacidade de ter um relacionamento completo, maduro e satisfatório com um homem.

Na verdade, minha mãe é incrivelmente adorável, sempre me apóia em tudo o que faço e é um verdadeiro anjo em minha vida. Graças a Deus ela me criou da maneira como fez. Quem sabe que tipo de problema eu poderia ter tido, se tivesse sido diferente. E com relação à "mania de limpeza" dela, graças ao fato de ela ser uma rainha do lar, eu herdei o entusiasmo para manter as coisas ao meu redor limpas e bem cuidadas.

Agradeço ao meu pai pelo sucesso empresarial (o que eu imitei "trabalhando bastante"), pois financeiramente nós tínhamos tudo que poderíamos querer e muito mais. Com relação à qualidade do tempo que passávamos juntos, nós fizemos várias viagens em família, às vezes de um dia só nos fins de semana, e passamos todos os feriados juntos. Meu pai nunca deixou de ir a algum evento especial na minha vida toda. Também, por mérito dele, adquiri seu espírito empresarial e a poderosa ética no trabalho que percorreu toda a minha carreira e a criação do livro que você tem nas mãos agora.

Se você está presa naquela história de que os seus pais erraram com você, só está se limitando seriamente ao que é possível em termos de amor e relacionamento. Dessa forma, você põe um fim à sua irresistibilidade porque ainda não está se comportando completamente como uma mulher adulta. Em vez de ser um indivíduo único e autêntico, você está presa à ideia de não ser igual aos seus pais. Em vez de viver uma vida expansiva, baseada em descobrir a sua verdade, você está reagindo ao que os seus pais fizeram – provando o quanto eles teoricamente erraram com você – ao ficar bem abaixo da linha do sucesso ou escolher os caras errados para sair puramente para provar a sua teoria.

Todo esse drama está desgastando o seu bem-estar e lhe impedindo de ter os relacionamentos afetuosos e satisfatórios com os homens (e com os seus pais) que você merece.

Outra coisa, gostando ou não, seus pais são as imagens arquetípicas dos homens e das mulheres. Em outras palavras, nossa mãe é a nossa imagem primária de uma mulher e o nosso pai a de um homem. Como mulheres, se temos a idéia que a nossa mãe nos criou de forma errada, ou que deveria ter feito melhor, ou que era uma "mãe malvada", inconscientemente iremos nos sabotar. Pense nisso. Como podemos explorar toda a nossa própria feminilidade e irresistibilidade se a nossa imagem primária de uma mulher é imperfeita? Nós teremos de provar que estamos erradas também ao continuar nos enganando na vida.

Se temos a ideia de que o nosso pai nos criou de forma errada, tenha ele feito isso ou não, ou é um "mau pai", nós continuaremos a projetar aquela imagem masculina defeituosa em todos os homens que encontrarmos. Não fará diferença se é um amigo, chefe, empregado ou amante. Inconscientemente você presumirá que eles irão machucá-la, prejudicá-la ou, por causa do gênero masculino deles, que simplesmente não são confiáveis.

Apesar do que as pessoas falam, você não precisa de anos de terapia para resolver esse problema. Tudo o que você precisa é tomar consciência e ter compaixão. Investigue sua paisagem interior e veja se está carregando antigas mágoas com você. Observe a realidade e não julgue a si mesma pelo que descobrir. Veja o que realmente existe, sem mergulhar em uma história a respeito disso. A verdadeira consciência é suficiente para facilitar a resolução. De verdade. (Eu não disse que seria fácil?)

E mesmo se eles tivessem errado...

E se você realmente teve uma infância problemática? E se sofreu abusos? De forma alguma eu estou sugerindo que você tenha inventado alguma coisa ou registrado imprecisamente o seu abuso. Coisas trágicas e infelizes realmente acontecem. O que estou sugerindo é que investigue o quanto ficar presa a uma história de abuso afeta você agora. Ela está lhe impedindo de se relacionar com os homens? Você está arrastando uma história do passado para o presente e permitindo que isso lhe impeça de ter o amor e a intimidade que deseja?

Oprah Winfrey é uma sobrevivente do abuso infantil. Caso você não tenha notado, não há nada que possa deter uma mulher irresistível. E Oprah, deslumbrante como ela só, é apenas mais uma mulher como você e eu. Se ela pôde, nós também podemos.

Oprah quis se livrar do passado para que a sua verdadeira irresistibilidade pudesse curar o mundo. Há milhões de outras mulheres nem tão famosas que também sobreviveram a problemas e abusos e descobriram a liberdade conquistada a partir da libertação do passado. O caminho é através do perdão, tanto de si mesma como da pessoa de quem você guarda ressentimentos por ter agido errado. A cada momento, o universo nos fornece uma página em branco para que possamos ter a chance de começar de novo. Pegue-a e use-a. O passado acabou. Já era. A única forma que ele pode continuar a assombrar você é se você permitir.

1. Você está guardando mágoas da infância com relação aos seus pais? Quanto tempo você passa revivendo o passado? Que impacto isso tem em sua vida? Em sua irresistibilidade?

2. Ficar presa aos traumas de infância está sendo bom para você? Isso está apoiando a sua vivacidade? Você tem o relacionamento dos seus sonhos?

Desafio da Ação Irresistível

Anote quaisquer histórias que vem guardando sobre a sua infância em que você seja a "coitadinha". Pergunte-se: elas são precisas? É possível que as suas memórias estejam distorcidas? Você considerou o quanto é desafiador criar uma família? Colocar a comida na mesa? Administrar uma casa, carreira e crianças malcriadas?

Mesmo que a sua história seja real, o importante para você é: e agora? Você quer se livrar do passado para permitir que a sua irresistibilidade floresça completamente? Quais dádivas você está roubando do mundo ao permanecer presa ao passado?

Você está querendo se livrar da ideia de que seus pais a criaram de um modo errado? Você está querendo ser uma mulher de bastante sucesso, expansiva e irresistível?

Capítulo 8

Segredo nº 5:
Pare de contar histórias

A verdade em que você acredita e se apega faz com que você seja incapaz de ouvir qualquer coisa nova.

– Pema Chödrön, escritora e monja budista

Todas as mulheres têm uma história sobre a sua vida. Sua história é o seu histórico pessoal, da forma como se lembra dele, do momento em que nasceu até agora. Isso inclui todos os detalhes de sua infância, sua família, a escola e, mais importante, quais as razões para você ser da forma como é hoje. Incluindo todas as coisas sobre os outros que você acredita serem verdadeiras.

Todas nós precisamos reconhecer que as nossas histórias são baseadas no passado e que frequentemente rompemos os nossos relacionamentos e, claro, a nossa irresistibilidade. Vamos analisar bem de perto e ver como isso acontece.

Quando um homem lhe pede para falar um pouco sobre você, geralmente você conta a sua história pessoal. O que inclui os fatos básicos como sua idade, raça, educação, ideologia política e religião ou crenças espirituais. Sua história também inclui seus defeitos e todas as formas com que você se rotula, como "Eu não sou bonita/alta/magra/interessante/jovem o suficiente" ou "Os homens não me acham atraente", ou "Eu sou uma mulher forte e independente", ou "Eu sou muito sensível". Aqui estão mais algumas histórias que contamos:

- Eu sou péssima em relacionamentos.
- Eu não cozinho bem.
- Eu sou introvertida.
- Eu não sou boa quando se trata de dinheiro.
- Eu sou falante.
- Eu não sou atraente.
- Eu sou tímida.
- Eu sou preguiçosa.
- Eu estou muito velha.
- Eu sou muito jovem.

Quando você despeja a sua história desse jeito, algumas coisas acontecem. Primeiro, você polui o seu presente com o passado. Você contamina o frescor impregnado em cada momento, limitando o seu potencial e, claro, sua irresistibilidade. Segundo, podem ter lhe contado uma história que nem mesmo é verdadeira! Por exemplo, na sétima série a sua professora disse: "Você é muito alta, Jen. Vá um pouco para trás para que os outros possam ver". É bem possível que, aos 13 anos, você possa ser grande para a sua idade. Porém, como uma adulta, possivelmente você não é mais. E ainda que o seja, priorizar o fato de ser muito alta diante do que é primordial e mais importante, ou seja, que você é um ser humano, acaba encorajando todo mundo (especialmente os homens) a focar naquilo que você está ressaltando e considerando um defeito.

Terceiro, você fica presa em uma profecia autorrealizadora porque acredita na sua história e desconsidera qualquer informação que não apoie a sua perspectiva. É como se você tivesse fechado os olhos e só enxergasse evidências que provem que a sua história é verdadeira, completamente desconsiderando qualquer outra. Por exemplo, se você se apega à história de que todos os homens não prestam, irá efetivamente filtrar qualquer informação que prove o contrário. Quando assiste a um programa de TV, pode notar que um homem está enganando uma mulher e dizer para si mesma: "É, está vendo... todos eles fazem isso". Sem perceber, você desconsiderará completamente exemplos de homens fiéis porque essa informação não sustenta a sua perspectiva.

De maneira semelhante, se você se apega à história de que os homens não a consideram atraente, não conseguirá notar sutis aproximações românticas ou demonstrações de interesse dos homens. Entre seus amigos, pode haver algum deles que está interessado em sair com você, mas você ignora completamente o fato porque só consegue enxergar a história de "eu não sou atraente". Vamos observar como a história de uma mulher destrói totalmente a sua irresistibilidade.

De uma perfeita nota 10 a um perfeito pesadelo

Ronnie tem 32 anos e é solteiro. Ele tem uma personalidade impetuosa, um corpo atlético e forte, a pele bronzeada e olhos negros. Uma tarde, em um bar sofisticado na parte sul da cidade de Nova York, ele conheceu Sheila, uma morena de olhos pretos, arrasadora e com um corpo de matar de inveja qualquer um – uma perfeita "nota 10". Sheila e Ronnie se simpatizaram imediatamente. Eles dançaram e sentiram uma atração inegável um pelo outro. Depois de 20 minutos de flerte e diversão casual, Ronnie olhou no relógio e percebeu que era muito mais tarde do que ele pensava. Ele precisava voltar para o Brooklyn para levar o cachorro para passear.

Desapontado, Ronnie disse a Sheila que ele tinha de ir embora, mas que adoraria vê-la novamente. Para a sorte dele, ela também morava no Brooklyn e se ofereceu para acompanhá-lo. Ronnie ficou em êxtase. Aquela bela mulher que ele tinha acabado de encontrar estava indo para casa com ele levar o cachorro para passear!

Ronnie e Sheila fecharam a conta no bar e pegaram um táxi. Ronnie estava hipnotizado: "Ela é o máximo", ele pensava. "Doce, linda, mora perto de mim e gosta de cachorros". Ele estava solteiro há algum tempo, portanto, estava muito empolgado com a possibilidade de um novo relacionamento. O que aconteceu a seguir foi chocante.

Durante a corrida de táxi até a casa de Ronnie, Sheila começou a contar sua história. Da sua infância conturbada até a sua lista de ex-namorados chatos, Sheila sistematicamente contou a Ronnie cada detalhe sórdido de seu passado na esperança de criar uma ligação imediata e pessoal com ele. Entre as histórias de horror, ela ficou repetindo sistematicamente o quanto não era atraente e pediu a opinião dele várias vezes sobre a sua aparência.

Ronnie, inicialmente muito empolgado com a "a garota nota 10" que estava indo com ele para casa, estava agora quebrando a cabeça para achar um jeito de se livrar dela. Ele não conseguia acreditar que aquela mulher tão bonita tinha se tornado tão insuportável em questão de minutos. Mas as coisas ficaram ainda piores. Assim que eles chegaram ao apartamento de Ronnie, Sheila insinuou que queria transar com ele. Ronnie se sentiu muito mal e desconfortável. Ele estava tão desapontado com a história dela que ele se despediu educadamente e pediu que ela fosse embora.

"Foi inacreditável", ele disse. "Aquela mulher totalmente arrasadora se tornou a maior decepção que eu já tive em questão de minutos. Eu não tive *nenhum* interesse em transar com ela ou até mesmo de encontrá-la novamente por causa de toda aquela bagagem negativa que ela tem".

Resumindo, liberte a sua irresistibilidade parando de contar histórias. O que inclui tanto histórias de ex-namorados, ex-maridos, da infância, como ideias autolimitantes que conta para si mesma (você sabe: "eu não sou atraente", "eu não sou boa o suficiente" etc.).

Se você é uma contadora de histórias crônica, tente se livrar disso e note o que está acontecendo ao seu redor. Fale a respeito de comida, decoração, música, amigos em comum, filmes ou eventos atuais. Compartilhe as coisas pelas quais é apaixonada. Permita que os homens experimentem quem você é agora em vez da sua história bem ensaiada. Quando falar sobre o seu passado, faça isso com consciência. Não se faça de vítima ou reconte fatos trágicos como se eles significassem alguma coisa (porque eles não significam). Perceba que cada experiência que você teve trouxe-a até esse momento e serviu para sua evolução pessoal e espiritual. O passado acabou. Morreu. Já era. Sua vida é agora. Quando você para de contar histórias e se permite simplesmente ser quem você é agora mesmo, imediatamente você se torna mais viva, mais engajada e, claro, mais irresistível.

Uma observação importante: parar de contar histórias não significa que você não pode falar sobre o passado. Apenas tome consciência de como você faz isso. Não reclame, lamente ou se faça de vítima. Expresse quem você é sem dramas ou culpa.

Desafio da Ação Irresistível

Qual é a sua história? Liste as ideias, crenças ou teorias que você colecionou ao longo da vida e que acreditava serem verdade até ler este capítulo.

Agora observe. É possível que você tenha passado esse tempo todo contando uma lenda para si mesma? O que você acha de histórias como a de Sheila? Você coleciona um conjunto de mágoas passadas que alega habilmente ter superado ou que provam o quanto a vida foi difícil para você, na esperança de criar intimidade ou admiração em um homem? Quão irresistível você seria se abandonasse seu passado? Você se sentiria mais autêntica e segura? Sem a sua história, quão mais fácil seria fazer com que um homem realmente e genuinamente desejasse você?

Capítulo 9

SEGREDO Nº 6:

Pare de reclamar e comece a se preocupar em como e onde conhecer um monte de homens

> *Você tem consciência do que você controla, mas não do que controla você.*
>
> – Anthony De Mello, escritor e sacerdote jesuíta

Você já reparou que gasta uma grande parte do seu dia reclamando (tanto em voz alta como na privacidade de seus pensamentos) que não sobra tempo para saber onde pode conhecer mais homens? Aqui está um grande segredo: você perde oportunidades todo dia de conhecer homens interessantes e nem sabe disso.

Há uma lei da física que diz que duas coisas não podem ocupar o mesmo espaço ao mesmo tempo. Em outras palavras, você pode escolher entre reclamar sobre a sua vida e como você não tem tempo para conhecer os homens ou você pode viver e conhecer esses homens. Você não pode fazer as duas coisas ao mesmo tempo.

Quando você está imersa mentalmente no quanto a sua vida é ruim, o seu nível de irresistibilidade tem uma queda notável. Não importa sobre o que está reclamando: o clima, o trânsito, seu trabalho, um dia de mau humor, homens, mulheres, seus pais, o presidente – qualquer assunto irá causar o mesmo efeito trágico.

O que acontece é o seguinte: quando você reclama internamente, está perdida em seus pensamentos. Quando isso ocorre, você acaba perdendo o que acontece ao seu redor. Em vez de ter a sua atenção voltada para fora e ver o que está rolando, você está preocupada com a sua conversa mental (ou seja, em um "festival de reclamações") e perde inúmeras oportunidades de conhecer homens.

Energeticamente falando, quando você está perdida em seus pensamentos, é como se um sistema fechado emitisse vibrações do tipo "eu não estou disponível". Você reduz a probabilidade de conhecer alguém por causa da espiritualidade, você está fechada para balanço.

Por que você deveria parar de fazer drama

Reclamar, tanto silenciosamente como em voz alta, é o maior repelente de homens. Quando você reclama, está lutando contra a realidade; está dizendo que a vida não é como você acha que ela deveria ser. Isso a torna uma vítima e cria estresse e ansiedade no seu corpo. Esse estresse tem um impacto negativo na sua aparência: envelhecimento precoce, piora da acne ou psoríase, e a minha parte preferida, aumenta o cortisol – o hormônio do estresse responsável pelo aumento da gordura abdominal.

Sabendo disso, fica fácil entender que os homens são atraídos por outras coisas além da aparência de uma mulher. Eles são atraídos pela forma como você os faz se sentirem. As mulheres que não reclamam fazem os homens se sentirem bem porque elas mesmas se sentem bem.

Como fazer para conhecer mais homens agora mesmo

Quer saber a forma mais fácil de conhecer mais homens? Pare de reclamar e comece a cativar. Certamente você pode conhecer mais homens *em qualquer lugar*, começando hoje. É a sua atitude que importa. Em vez de fazer uma festa particular em nome da piedade, pratique redirecionar a sua atenção para o exterior e comece conectando-se com todas as pessoas ao seu redor, só por diversão. Não importa se forem homens ou mulheres, jovens ou velhos, casados ou solteiros – simplesmente comece a se relacionar com as pessoas em vez de ficar perdida em seus pensamentos. Carteiros, bancários, padeiros, balconistas, colegas de academia, policiais, professores e pessoas nas ruas, todas elas fazem parte do jogo.

Não se preocupe com o que vai dizer. Um simples "oi" e um sorriso é tudo de que você precisa. Tire a atenção de você (e de suas reclamações interiores) e redirecione sua energia irresistível para o mundo. Faça o dia de alguém feliz ao sorrir sem motivo aparente. Seja prestativa. Gentilmente segure uma porta, ofereça um lugar ou ajude alguém. Silenciosamente abençoe as pessoas ao seu redor. Você ficará chocada com o que vai acontecer. Você começará a conhecer pessoas o tempo todo e se sentirá com muito mais energia e vitalidade. Eventos sincrônicos acontecerão com mais frequência. Você estará "sintonizada" com o universo e notará que a vida flui muito mais facilmente.

Quando você retira a atenção de si mesma e do seu diálogo interior, as pessoas notam. Encontros casuais podem se transformar em amizades, contatos profissionais e até mesmo relacionamentos. Naturalmente você se tornará uma comunicadora melhor e se sentirá inexplicavelmente bem e mais relaxada.

Transforme o ato de cativar o seu ambiente em um hábito em vez de ficar isolada mentalmente em uma montanha russa de reclamações. Mantenha a sua atenção voltada para o que está acontecendo agora e você se tornará expressiva e alegre – duas qualidades que são naturalmente irresistíveis. Isso é conhecido como a arte de cativar completamente, o que significa de forma muito simples viver intensamente. O que significa viver no agora, não em sua cabeça. Pense em participação. Pense em ser um "SIM" em vez de perder tempo com seus pensamentos, viva sua vida com consciência total e entusiasmo. Quando alguém pede um voluntário, levante sua mão. Quando a música tocar, dance. Quando os pratos estiverem sujos, lave-os.

O segredo da irresistibilidade permanente é construir um hábito de bem-estar completamente engajado, momento a momento, em tudo o que faz. Você não pode "fingir" estar completamente engajada para manipular e tentar arranjar um encontro ou conhecer mais homens. Isso deve ser autêntico. Sinta simplesmente a alegria e a satisfação que resultam de viver uma viva comprometida e energizada.

Ser autenticamente irresistível significa ser livre e cativante. A forma mais fácil de fazer isso é sair da sua cabeça e mergulhar na vida. Fale com as pessoas independentemente da chance de arrumar um encontro com elas. Conecte-se com qualquer um: animais, plantas, senhoras idosas, bebês. Compartilhe-se com o mundo. Seja onde for, seja você na totalidade.

1. Você geralmente reclama de coisas sobre as quais não tem nenhum controle, como o clima e o trânsito? Isso muda alguma coisa?

2. Você está disposta a olhar e ver quanto da sua vida está atualmente sendo desperdiçada com reclamações? Quantos homens mais você poderia encontrar se tirasse a sua atenção das reclamações e a redirecionasse para o que está ao seu redor?

3. Que outros tipos de relacionamento você poderia desenvolver? Amizades, contatos profissionais?

Desafio da Ação Irresistível

Torne-se uma Zona Livre de Reclamação por um dia. Esse jogo é uma forma divertida de adquirir consciência do quanto você passa sua vida reclamando. Você pode jogar sozinha ou com as amigas. Durante um dia inteiro, não reclame de nada. Isso inclui o clima, seu corpo, homens, trabalho, colegas, políticos ou dinheiro. Toda vez que perceber que está reclamando mentalmente ou em voz alta, pare imediatamente.

Capítulo 10

SEGREDO Nº 7:
Tenha uma vida própria e cuide bem dela ou Como fazê-lo desejá-la cada vez mais

> *Se ficar esperando que alguma coisa aconteça para que possa viver e amar livremente, você sofrerá. Cada momento é o mais importante da sua vida.*
>
> – David Deida, escritor

Um dos maiores segredos para magnetizar os homens é ter, e manter, uma vida plena. Não por meio de manipulação, mas por um senso genuíno de autovalorização e com um propósito espiritual. Quando começa a sair com alguém de quem realmente gosta acontece o seguinte: você fica superanimada e sente vontade de vê-lo o tempo todo. Pouco a pouco, você descobre que não está passando tanto tempo com os amigos, a família ou até mesmo no trabalho. A academia ou qualquer outro passatempo que você geralmente achava legal agora ficam em segundo plano em relação ao seu novo namorado. Por exemplo, se ele é um grande fã de esportes, você passará cada vez mais tempo em bares que exibem programação esportiva ou na casa de alguém assistindo aos jogos e conhecendo os amigos dele.

Depois de algumas semanas, sua vida começa a girar completamente ao redor do novo relacionamento. A princípio, parece um sonho, mas lentamente você começa a notar que as coisas estão mudando. Seus amigos param de ligar (porque você nunca está disponível), você ganhou um pouco de peso e não se sente tão animada ou atraente. Trabalhar não é tão excitante como costumava ser. Em alguns meses, você se sentirá sufocada e ressentida, embora ainda não saiba o porquê. O sexo não vai ser tão bom quanto antes. Ele vai começar a se distanciar de você. Bem diante dos seus olhos, esse maravilhoso novo relacionamento de alguma forma vai evoluir para o que começa a parecer qualquer outro que já teve antes.

Soa familiar? Dentro de algumas semanas ou meses do início do relacionamento, a maioria de nós se sente perdida e confusa, pensando: "Mas que diabo está acontecendo?" Você se perdeu, foi isso o que aconteceu. Em vez de manter a sua vida e incluir seu novo relacionamento nela, você cometeu o erro fatal e se enrolou toda tentando ser quem você acha que ele quer que você seja para poder segurar a relação e deixá-lo feliz.

Esse método nunca funciona. Mudar o seu comportamento ou ser algo diferente do que você é leva ao completo desastre na vida. Ele está atraído por você – a você real – exatamente do jeito que você é, não por alguma mulher que não tem vida sem ele. Aqui estão alguns exemplos de como não manter a sua vida própria:

- Desmarcar programas com as amigas para ficar com ele (especialmente se você mente para si mesma ou para as suas amigas sobre isso).
- Chegar atrasada no trabalho e/ou sair mais cedo.
- Distanciar-se da família e dos amigos.
- Parar de fazer exercícios porque é mais fácil ficar na cama fazendo carinho no namorado.
- Abandonar atividades (aulas, organizações, cursos) pelas quais você tem paixão.
- Não reservar tempo para fazer algo além de ficar com ele.
- Relaxar na aparência.

Lembre-se, você é um indivíduo único. Você tem um propósito na Terra. Tentar se transformar em algo que você acha que ele quer não é uma boa ideia. Confie em mim, eu sei o quanto é animador e desintoxicante conhecer alguém de quem realmente gosta. Você quer passar o tempo todo com ele. Eu não estou sugerindo que você se reprima, restringindo a sua paixão ou arbitrariamente diga "não" a passar um tempo junto dele, mas estou pedindo que considere outras possibilidades.

Tente incluir o seu novo romance na vida que você já tem. Amplie o seu mundo. Não se encolha para caber no dele. Tenha certeza de que, quando você passar um tempo longe dele, vai ficar tudo bem. (Se não ficar, provavelmente esse não é o tipo de relacionamento que você quer, então.) O fato de dois adultos maduros e esclarecidos passarem um tempo longe um do outro apenas aumenta o assunto das conversas e a atração sexual esquenta.

Na verdade, você pode viver plenamente com uma carreira de sucesso, amigos íntimos, família e um grande amor. Essa é a única forma que um bom relacionamento pode evoluir para um relacionamento mágico. Por favor, entenda: "tenha uma vida própria e cuide bem dela" não é o mesmo que "jogar duro para conseguir".

Por que "jogar duro para conseguir" não funciona

Muitos livros sobre relacionamentos encorajam a tática do "jogar duro para conseguir" como um meio de manipular os homens para ficarem interessados e atraídos por você. Isso é desonesto (ou seja, uma *grande* perda de tempo) e reforça a falsa ideia de que um relacionamento irá salvar ou completar você de alguma forma. Se você "joga duro para conseguir" algo, pode ser que funcione durante algum tempo, mas não resultará no tipo de amor duradouro, autêntico e realizador que você realmente quer. Mais cedo ou mais tarde, as coisas vão começar a mudar. Você começará a pressioná-lo, de uma forma ou de outra, para passar mais tempo com você. Quando ele disser não, você se sentirá sozinha e chateada e ficará se perguntando o que há de errado com o relacionamento.

A partir de então você ficará ciumenta, insegura e crítica, passando a maior parte do tempo tentando bolar formas de ter certeza do quanto ele se importa com você. Ele irá se sentir confuso e perdido. Com razão ele irá se perguntar sobre o que aconteceu com a "garota difícil" que costumava ter uma vida própria. É nesse momento que ele pensará em cair fora, começará a se distanciar e se dedicar cada vez menos a você até que tudo isso acabe em uma grande briga e você fique se perguntando por que ele mudou tanto.

Ter uma vida própria e cuidar bem dela = irresistibilidade autêntica

Ter uma vida própria é autenticamente irresistível porque impede você (e a ele) de se perder no relacionamento. Se você imaginar que as pessoas são como baterias recarregáveis, ter sua própria vida a mantém com a carga completa. Quando você foca o tempo todo apenas nele, não há possibilidade de conseguir ser recarregada naturalmente pela vida – com amigos, atividades, aventuras, natureza, ou o universo. Sua energia se esgota e isso se reflete na sua aparência e em como você se sente. Você começará a gastar toda a sua energia com ele, que por sua vez se sentirá exausto e ressentido. As conversas ficarão chatas. Você começará a ficar chata e boba. "O que você quer fazer?" e "Eu não me importo, faça o que quiser" é tudo que ambos irão dizer.

Quando vocês devotam todo o seu tempo, energia e atenção apenas um ao outro, isso enfraquece ambos e vagarosamente desgasta o que poderia ser um relacionamento maravilhoso. Ter a sua própria vida é a maneira natural de se manter centrada para que consiga ter mais a contribuir com seu parceiro, com as outras pessoas e em aspectos importantes da sua vida.

Vamos ser honestas. Sucesso é sexy. Quando você vive uma vida inspirada e energizada, os homens naturalmente a consideram irresistível porque você *é* irresistível. Invista em sua saúde, crie uma comunidade, faça diferença, aprenda coisas novas, divirta-se com os seus amigos e compartilhe isso com os outros. Isso é o que irá fazer com que ele a deseje cada vez mais.

Os homens não são diferentes das mulheres a esse respeito. Eles querem estar com alguém que é expressiva, engajada e ativa na vida. Eles querem uma mulher que possa apresentá-los a coisas novas, e seja tanto interessada como interessante.

Tenha uma vida própria 101: seja uma rainha de sucesso e rica

Uma forma de conseguir ter uma vida própria e mantê-la é investir energia em ser uma rainha de sucesso e rica. A primeira vez que eu ouvi esse termo foi no fabuloso livro de Karen Salmansohn, *The 30-Day Plan to Whip Your Career Into Submission* [Como colocar a sua carreira em forma em 30 dias]. Aqui está como fazer isso: seja uma estrela no trabalho. Não me importo se você frita hambúrgueres no McDonalds ou comanda alguma das maiores empresas do mundo. Faça tudo com integridade e excelência. Seja pontual, o tempo todo. Faça o que diz que irá fazer. Contribua com ideias. Cuide das pessoas ao seu redor. Resolva problemas. Seja uma agente de mudança. Invista em ser a melhor na sua área, ou a melhor do mundo!

Se você está pensando em mudar de profissão, é ainda mais uma razão para você ser uma estrela no seu emprego atual. Agir com excelência agora irá possibilitar o aumento da velocidade mental e energética para que comece trabalhando em um ritmo forte no seu novo emprego. Isso também criará um bom carma. Quando e se você finalmente sair, seu atual empregador ficará feliz por apoiá-la com uma boa carta de referência e geralmente irá deixar a porta aberta para um trabalho extra no futuro.

Se você é empreendedora, procure formas de melhorar seus negócios. Há um novo produto ou serviço que você gostaria de oferecer? Como você pode atrair mais consumidores com um serviço de atendimento eficiente? Como você pode atingir mais pessoas com seu produto ou serviço? Como você pode impactar centenas ou milhões mais?

Não se esqueça que dinheiro também é importante. Ter uma vida própria e conservá-la inclui ter uma saúde financeira forte também. Essa área é crucial porque muitas mulheres demoram a assumir suas vidas financeiras, acreditando (pois foram culturalmente condicionadas a acreditar) que um homem surgirá e cuidará de tudo para ela. Isso é se preparar para o desastre. Você é uma mulher inteligente e capaz. Se quer libertar completamente a sua irresistibilidade, invista em sua saúde financeira agora e não pare depois, se tiver algum relacionamento.

Se a administração de dinheiro é um desafio para você, eu recomendo meu autor favorito sobre o assunto: David Bach. Vários de seus livros estão entre os mais vendidos: *O milionário automático, Smart Women Finish Rich* [Mulheres espertas ficam ricas] e *Casais inteligentes ficam ricos.* Os conselhos dele são claros, objetivos e, o mais importante, funcionam.

Lembre-se, todo relacionamento é uma oportunidade ou para descobrir mais da sua individualidade e evoluir como ser humano, ou para ficar se enganando e se transformar em uma versão pior de você, baseada no que acha que o seu parceiro quer que você seja. Apesar do que a sua mente diz, seu parceiro é atraído pela você de verdade – a autêntica você que ele conheceu – não a versão transformada que você acha que ele quer.

Quando se compromete a ser você mesma desde o início e comunica a sua verdade, não importa qual seja ela, evitará praticamente todo drama, angústia e ansiedade de "não saber como as coisas estão" que muitas outras mulheres sentem diariamente. A maioria das mulheres tem medo de ser real porque acredita equivocadamente que não é boa o suficiente da forma que é. Esse pensamento "eu não sou boa o suficiente" não apenas está incorreto como destrói o nosso bem-estar e a habilidade de ter um relacionamento afetivo e satisfatório.

Ser você mesma e falar a sua verdade desde o momento que você conhece alguém é o segredo para ter relacionamentos desenvolvidos natural e autenticamente. Essa também é a chave para manter a sua irresistibilidade.

Seja você mesma. Comunique o que funciona para você e o que não funciona. Faça isso desde o primeiro dia e nunca pare. Esse é o passo mais importante que você pode dar no início de qualquer relacionamento para garantir um sucesso prolongado.

Falando de sucesso no relacionamento, não confunda longevidade com sucesso no relacionamento. Só porque um relacionamento dura muitos anos não quer dizer que ele é bem-sucedido. Há muitos casais que se apegam a uma existência sem vida e miserável que eles chamam de "relacionamento" porque eles têm medo de ficar sozinhos ou enfrentar a incerteza do desconhecido. Viver uma vida de desespero silencioso destituída de amor verdadeiro, paixão e parceria espiritual não é a minha ideia de sucesso.

Repito, relacionamentos são a maior oportunidade da vida para crescimento e evolução espiritual. Eles existem para que possamos descobrir a nós mesmas, despertar nossos corações e eliminar as barreiras ao amor. Cada relacionamento que você já teve, ou terá, está designado a te aproximar da sua divindade e da habilidade de experimentar e expressar o melhor de você.

Desafio da Ação Irresistível

Use este capítulo para expandir as suas possibilidades do que significa viver uma vida plena. Reconheça que é possível ter tudo. Permita-se se acostumar com a ideia de incluir as coisas na sua vida em vez de excluí-las. Pense em "ambos" em vez de "um ou outro".

1. Faça um curso ou uma especialização em alguma coisa que você sempre quis fazer,

mas nunca conseguiu. Pare de esperar por "algum dia" e comece tendo uma vida plena agora.

2. Investigue como você age com relação ao trabalho e dinheiro. Você tem deixado de investir na sua carreira ou na sua saúde financeira? Que passos você precisa tomar para se tornar uma rainha de sucesso e rica?

3. Tente cumprir as promessas que faz a si mesma e aos outros, esteja saindo com alguém ou não. Quando você diz que vai à academia, vá. Quando diz que irá a uma festa, vá. Isso fortalecerá o seu poder pessoal para que, quando tenha um relacionamento, você já esteja bem treinada em cuidar bem do seu próprio mundo.

Capítulo 11

SEGREDO Nº 8:

Embalagem perfeita ou Como ser uma garota sensacional, gostosa, sedutora e do tipo que surpreende e faz os homens quererem levá-la para casa 24 horas por dia, 7 dias na semana

O pecado original contra a vida é abusar e acabar com a beleza, ainda mais se for a sua própria beleza, pois devemos nos cuidar e sermos responsáveis pelo nosso bem-estar.

– Katherine Anne Porter, escritora

Sejamos honestas, ok? Não importa o quanto sejamos sensuais por dentro, quando não temos afinidade com a moda, é difícil colocar tudo isso para fora e nos sentirmos fabulosas no jogo do amor. Embora quem você "é" seja definitivamente mais importante do que a sua aparência (lembra do caso da pobre Sheila?), quando falamos de irresistibilidade, para que sabotá-la quando você não tem de fazer isso?

A embalagem perfeita é a arte de fazer da sua aparência exterior uma extensão natural e irresistível de sua sensualidade interior. Para aquelas que acreditam já ter resolvido esse assunto, eu convido a continuar lendo o capítulo para ver se não mudam de ideia.

O que você está vendendo?

Querendo ou não, nós nos vendemos o tempo todo. Nossa aparência vende informações sobre o nosso estado civil, profissão, situação financeira, grau de autoestima, idade, religião, raça e inteligência, entre outras. As roupas que você veste, a forma como corta o cabelo e como se expressa da cabeça aos pés falam mais de você do que as palavras poderiam dizer.

A maioria de nós não enxerga o que está vendendo porque simplesmente estamos muito acostumadas a ser nós mesmas. Não temos consciência do quanto as outras pessoas nos observam. Os amigos, a família e os colegas geralmente não se sentem à vontade para dar *feedback* – embora isso possa transformar as nossas vidas. É como assistir a um episódio do programa do Donald Trump, *O aprendiz*. Os participantes geralmente não têm ideia do quanto tudo que eles têm de enfrentar é difícil, incontrolável, complicado, imprevisível e duro. Eles estão simplesmente sendo eles mesmos. Mas para cada um que está assistindo, é claro como um cristal.

De maneira semelhante, muitas mulheres não acompanham as tendências da moda ou de cabelo e se esquecem de seguir em frente no tempo. Outras usam eternamente o modelo de roupas estilo pijamas. Algumas deixam a barriga à mostra, quando na verdade elas deveriam cobri-la e, em vez disso, exibir os braços torneados. Há um grupo que nem faz ideia do que é a moda e infelizmente não há ninguém ao redor para dizer: "Você está demitida!". Ainda bem que você não precisa de um *reality show* para descobrir a arte da embalagem perfeita. Tudo de que você precisa é uma mente aberta, um desejo de explorar e uma vontade de tentar novas possibilidades. O que realmente ajuda é uma amiga conhecedora das tendências da moda ou alguma ajuda profissional que possa rapidamente auxiliá-la a se ver sob uma nova luz. Como a minha cliente Heather descobriu, você também está vendendo a imagem "Venha me pegar, *baby*" ou "Eu não estou interessada".

A história da Heather

Um dia, uma das minhas clientes, Heather, uma consultora ambiental de cerca de 40 anos, disse que estava pronta para um relacionamento. Sua carreira estava indo bem, ela tinha um apartamento na cidade de Nova York e uma vida social desabrochando. Ela me perguntou: "O que eu estou fazendo de errado, Marie? Os caras não se interessam por mim".

"Eu não fico surpresa", eu disse. "Você não está vendendo exatamente uma imagem de alguém que está disponível para um relacionamento". É como se você estivesse vendendo: "Eu sou uma mulher de meia-idade baixinha e fortinha sem nenhum interesse em homens". Ninguém era capaz de ver o interesse interior dela por trás da catastrófica aparência que ela havia construído para se esconder. Heather, uma mulher atraente, bem-sucedida e adorável estava escondendo sua silhueta voluptuosa e encorpada sob calças jeans de cintura alta com um corte ruim e camisas masculinas folgadas e desbotadas. Ela usava tamancos marrons empoeirados e um lenço amarelo ao redor da cabeça. Não é exatamente uma aparência "chega mais". Heather queria receber um retorno honesto e não se ofendeu com os meus comentários. Ela começou a olhar para si mesma e descobriu que, ironicamente, estava se vestindo toda relaxada de propósito para manter os homens afastados. Enquanto acreditava que queria um relacionamento, na verdade, ela estava assustada com uma potencial rejeição inerente ao jogo do amor. Naquele momento, Heather viu seu desejo de amor e intimidade superar o medo da rejeição. Sem julgar a si mesma pelo que havia descoberto, ela imediatamente ficou animada com uma aparência nova de mais estilo. Desde essa conversa, Heather começou a vestir blusas mais femininas e coloridas e saias maleáveis que valorizavam sua imagem voluptuosa. Em vez de tamancos, agora ela usava belas sandálias ou sapatos confortáveis e com bom acabamento. Suas escolhas de roupa e acessórios se tornaram mais apropriadas à bela mulher à procura de relacionamentos que ela é. Os lenços foram abolidos, permitindo que o belo cabelo castanho cacheado fosse visto. Ela está fazendo aulas de salsa regularmente e vai às compras com amigas que entendem de moda e a ajudam a encontrar roupas legais, adequadas ao orçamento e ao tipo de corpo dela.

Quanto a sua aparência influencia como você se sente? Você pode se arrumar de maneira que apoie a sua irresistibilidade interior ou de forma que a reprima. Apoiar a sua irresistibilidade não significa se vestir de uma maneira provocante ou inadequada à sua idade ou gosto. Trata-se de cuidar de si mesma de uma maneira que esteja de acordo com o seu desejo de ser irresistível e ter relacionamentos satisfatórios com os homens. Trata-se de tomar consciência de como você se comunica com o mundo por meio da sua aparência.

A embalagem perfeita leva à consciência. Aqui estão algumas questões para manter suas ideias fluindo:

- Você usa roupas que realmente a fazem parecer e se sentir atraente ou você implora para que alguém note sua deusa interior por baixo de camadas de camisetas, casacos e calças largas?
- Quando foi a última vez que você tirou do armário peças velhas, nada atraentes que dificilmente arrancariam elogios de alguém?
- Você usa maquiagem? Quando foi a última vez que você renovou seu estoque de cosméticos?
- E a sua silhueta? Você mantém um corpo forte e em forma, ou esconde toda a sua graça embaixo de uns quilinhos a mais prejudiciais à saúde?
- Você sabe se vestir de acordo com o seu tipo físico? Você sabe claramente quais roupas não deve usar?

Recursos para a embalagem perfeita

Ter uma boa aparência é fazer o máximo com o que se tem. Aprender a tirar vantagem dos seus pontos fortes. Uma opção é contratar um consultor de imagem particular. Por um valor determinado, ele(a) irá lhe ajudar a arrumar o guarda-roupa somente com peças que ficam melhores em você. A maioria também vai às compras com você para ajudá-la a escolher roupas mais adequadas de vestir para ir trabalhar ou ir aos encontros.

Uma rota menos custosa é consultar livros. Eu particularmente adoro as meninas que escreveram

Esquadrão da moda, Trinny Woodall e Susannah Constantine. Elas sempre aparecem no programa da Oprah e escreveram vários livros destinados a ajudar as mulheres a se vestirem de forma que tenham uma melhor aparência e se sintam melhores. Trinny e Susannah são excelentes guias que ajudarão você a descobrir o que fica bem ou não para você quando abrir seu guarda-roupa, e mostrarão, passo a passo, que mudar o seu modo de se vestir realmente pode mudar a sua vida.

Revistas também são uma fonte excelente de inspiração e um guia para o desafio *fashion*. Procure revistas que forneçam sites, números de telefone, endereço de lojas e preços dos itens que exibem. Muitas revistas também oferecem um preço diferente para o mesmo visual, tornando-o acessível a todo tipo de bolso. Finalmente, nunca subestime o poder de uma intervenção *fashion*. Convide algumas amigas para ajudá-la a atualizar seu guarda-roupa e descubra o que fica bem para você.

Cabelo e maquiagem

Na mesma linha das roupas, o cabelo e a maquiagem desempenham um papel importante no quanto você se sente confiante e atraente. Com a variedade imensa de produtos de beleza disponíveis no mercado, é fácil se confundir e resistir a comprar qualquer coisa nova. Uma forma simples de descobrir qual maquiagem funciona melhor para você agora é visitar o quiosque de cosméticos em uma loja de departamentos moderna. Aqui está o que fazer: escolher uma marca que se adapte melhor ao seu estilo individual e caiba no seu orçamento. Agende uma aula de maquiagem e deixe claro o que você está fazendo lá. Se você apenas planeja comprar um ou dois itens, avise a vendedora com antecedência. Ela apreciará a sua honestidade. Não deixe de fazer anotações sobre como aplicar os produtos para que consiga repetir o *look* sozinha facilmente, e deixe uma gratificação, se achar apropriado. Se algo moderno estiver fora do seu orçamento, você pode conseguir resultados semelhantes em farmácias que vendem cosméticos. Use as revistas para se inspirar, recomendações de produtos, sugestões de cores e dicas de maquiagem.

Eu gosto de coisas bastante simples. Um toque de gloss, uma camada de rímel, um toque de cor nos olhos e nas maçãs do rosto podem transformar o patinho feio em um cisne em questão de minutos. Quando se trata de maquiagem, menos é definitivamente mais. Um pouco de maquiagem aplicada de forma adequada e habilidosa leva você longe. As mulheres são naturalmente belas, especialmente quando têm um estilo de vida animado e irresistível.

Com relação ao cabelo, faça o melhor. Um fantástico corte de cabelo irá revelar os seus melhores traços faciais e poupar tempo e energia na hora de se arrumar no dia-a-dia. Faça um corte a cada seis meses pelo menos (mais vezes se o seu cabelo for tingido ou tiver luzes). Eu também gosto de usar produtos que os cabeleireiros recomendam. Isso elimina o trabalho de procurar e, por uma pequena diferença, vale o visual elegante sempre.

Lembre-se: tudo importa

Mulheres irresistíveis prestam atenção aos detalhes. Pratique cuidar-se como um belo diamante que reluz com um pouco de polimento. Comprometa-se a ter tudo na sua vida em boa forma, especialmente você.

Na vida, tudo importa. Não é diferente com a sua aparência. O cuidado com a pele é tão importante quanto o cuidado com os cabelos. Sapatos bons são tão importantes quanto boas roupas. Um bom sutiã é tão importante quanto boas meias. Vasculhe seu guarda-roupa, seus cosméticos, seu porta-jóias. Procure peças rasgadas, manchadas ou gastas que não possam ser consertadas. Livre-se de qualquer coisa que não faça você ter uma boa aparência nem se sentir bem. Faça um inventário dos seus sapatos, bolsas, sutiãs e calcinhas. Procure peças que não sirvam mais ou não combinam mais com você. Se você se sente envergonhada de usar alguma coisa ou ficaria pouco à vontade se alguém a visse usando a peça, não hesite: elimine imediatamente.

Simplesmente tome consciência de detalhes e comprometa-se a manter a sua aparência limpa e renovada como alguém que acabou de sair do banho. Eu não estou sugerindo que você adote um comportamento obsessivo-compulsivo de perfeição, mas experimente a sensação de bem-estar pessoal e satisfação, adquirida quando as coisas ao seu redor estão devidamente em ordem.

Não esqueça de dar uma atenção maior a você de vez em quando. Olhe no espelho para sua pele, sobrancelhas e dentes. Se pudesse contar com ajuda profissional em alguma dessas áreas, qual seria? Faça um tratamento de pele, tire as sobrancelhas e marque uma consulta com o dentista. Como uma viciada declarada em programas de transformação, eu vi mais fotos de antes e depois que você possa imaginar. Uma das formas mais rápidas e fáceis de iluminar a sua aparência é clarear os dentes. Seja com a ajuda de um profissional ou usando produtos comprados na farmácia, é impressionante a diferença que pode fazer um sorriso branco e brilhante.

Muita atenção ao seu cuidado diário! Aplique a maquiagem adequadamente e reserve tempo suficiente para lavar e pentear os cabelos, assim se sentirá renovada. Escolha roupas e acessórios que a farão sentir-se fantástica.

Faça o que sustentará a sua irresistibilidade por dentro e por fora. Beba água, tome vitaminas e use filtro solar. Ingira alimentos nutritivos e saudáveis que sustentem você.

Com tantos livros, vídeos e revistas disponíveis com relação a saúde e malhação, eu não vou entrar em detalhes sobre o que fazer, mas seu corpo foi feito para mover-se. Nunca subestime o impacto que exercícios têm na sua irresistibilidade. Os benefícios da ginástica vão além de um corpo forte e bonito. Desde o aumento de endorfinas (também conhecidas como hormônios) que combatem naturalmente a depressão, passando pela redução no risco de ataques cardíacos, até o aumento da habilidade de realizar funções diárias – o resultado compensa o investimento.

Treino de força, exercícios cardiovasculares e condicionamento de flexibilidade são as três chaves para o sucesso da ginástica. Escolha exercícios que incorporem todos esses elementos. Encontre aulas e atividades que a deixe motivada e a divirtam. Como dançarina, eu prefiro aulas que são mais animadas, com músicas agitadas. Eu também adoro o desafio intenso e a natureza espiritual da ioga. Claro, a coisa mais importante em qualquer programa de exercícios é ter assiduidade. Se você não se exercita há algum tempo, eu sei o quanto intimidante pode ser começar. Confie em mim. Nada irá fazer uma diferença maior na sua aparência e na forma como se sente. Uma das melhores formas de se preparar para o sucesso é frequentar as aulas. A energia e a eficiência dos grupos são imbatíveis. Aulas geralmente duram cerca de uma hora e você consegue exercitar o seu corpo todo enquanto se mantém focada e motivada por um instrutor profissional e outras pessoas com o mesmo objetivo. Lembre-se: você é um ser composto de três partes: mente, corpo e alma. Por que se vender por menos? Tudo que você faz ou está apoiando a sua irresistibilidade ou reprimindo-a. Faça o tratamento triplo, querida. Use todos os seus dotes para expressar completamente sua energia e irresistibilidade.

Desafio da Ação Irresistível

Faça uma lista das diferentes áreas de sua "embalagem" que você precisa atualizar. A lista abaixo irá lhe ajudar a começar:

- Calcinhas e sutiãs
- Cosméticos, cuidados com a pele e produtos para o cabelo
- Jóias e acessórios
- Calçados
- Roupas para trabalhar
- Roupas para passear
- Roupas de ginástica
- Cabelo, pele e dentes
- Meias
- Jaquetas e casacos

Agora mergulhe em alguma dessas áreas. Livre-se de tudo que está relacionado com essa categoria. Tente algumas coisas e veja o que funciona para você. Doe, jogue coisas fora ou se livre do que não lhe serve mais ou que não tenha usado nos último 10 meses. Não se esqueça de anotar as coisas que você gostaria de substituir.

Olhe catálogos, revistas, lojas e sites para fazer escolhas mais atualizadas e adequadas que irão sustentar a sua irresistibilidade. Não acelere o processo. Leve o tempo que for preciso e substitua as peças à medida que as encontrar. Use sua intuição e a ajuda de amigas que são antenadas em moda para guiá-la na escolha do que fica melhor para você. Essa é uma atividade excelente para fazer junto com outras pessoas. Se você quer capturar um visual de sua transformação irresistível, tire fotos do "antes e depois".

Assim que tiver completado uma área, escolha outra e repita o processo. Continue até que tudo esteja com uma expressão clara e atual do seu mais irresistível *self*. Divirta-se com esse desafio! Antes que perceba, você terá atualizado completamente seu visual dos pés à cabeça.

⟨⟩ —— Questões para discussão —— ⟨⟩

Quais áreas da sua "embalagem" precisam de mais atenção? Que tipo de apoio você precisa? Quando foi a última vez que atualizou seu guarda-roupa? Cosméticos? Cabelo? Há algo em você que lhe causa constrangimento? Você está disposta a se desfazer de algo para abrir espaço para coisas novas e mais irresistíveis?

PARTE 3

Resumindo tudo

Se estamos voltados para a direção certa, tudo o que temos a fazer é continuar andando.

– Provérbio budista

Capítulo 12

21 respostas para seus piores dilemas amorosos

Você já parou para pensar se suas dúvidas são bobas? Eu com certeza já pensei a respeito das minhas. Especialmente sobre assuntos que me tiram do sério como intimidade, sexo e amor. Frequentemente eu me perguntava: "Eu sou a única que não sabe as respostas para isso?".

Ao longo dos anos, eu tive o privilégio de receber muitas dúvidas de mulheres de todos os lugares do mundo. Eu sempre admiro a coragem que isso exige, entrar em contato e pedir ajuda. Esse desejo de obter uma compreensão mais profunda sobre si mesma e a respeito das outras pessoas ao seu redor é a base para uma vida inteira de crescimento.

A seguir, um apanhado das perguntas mais comuns que eu recebi. Elas fornecem um guia geral baseado na abordagem de *Deixe os homens aos seus pés*.

1. Por que eu não consigo me livrar do meu ex?

Porque você está resistindo à separação. Lembre-se, tudo a que você resiste, persiste. O que você verdadeiramente vê, sem julgar, desaparece. Você pode resistir à realidade e continuar torturando a si mesma e a todos ao seu redor, ou pode perceber que acabou (e não julgar a si mesma pelo fato), permitindo que aqueles sentimentos se dissolvam naturalmente. Enquanto isso, divirta-se um pouco, comportando-se como a garota irresistível que você sabe que é.

2. Por que eu desconfio tanto dos homens?

Porque em algum momento você aprendeu a desconfiar dos homens. Há três formas pelas quais podemos absorver informações quando crescemos: nós ouvimos, vemos, ou temos algum tipo de experiência. Se você foi criada em uma família na qual ouviu várias vezes "Não se pode confiar nos homens...", muito provavelmente você ficou com isso gravado no seu sistema de crenças. Se, durante a sua infância, você aprendeu que não se pode confiar nos homens ao ver o seu pai ou outras figuras masculinas mentindo ou enganando, muito provavelmente você ficará pré-disposta a desconfiar dos homens. Finalmente, se quando criança você teve alguma experiência na qual percebeu que não podia confiar nos homens, tanto por causa de alguma forma de abuso como pelos modelos masculinos que não cumpriram com a palavra, novamente, você está pré-disposta a não confiar nos homens. Tudo isso é normal e, ainda bem, a única coisa que você precisa é dissolver essa crença tomando consciência disso.

3. Por que eu sou obcecada em saber se ele me trai?

Essa é uma pergunta difícil. Em parte por causa das crenças pré-condicionadas que discutimos acima. Mas há outra coisa além disso. Eu descobri que ajuda prestar bastante atenção à situação e ao relacionamento específicos. Uma possibilidade é que você esteja intuitivamente se apegando ao fato de que ele pode não ser confiável e pode realmente estar traindo-a. Você deve investigar suas informações internas e ver se elas vêm dos seus pensamentos (como insegurança habitual que não está relacionada a fatos atuais) ou daqueles pressentimentos interiores, que avisam quando alguma coisa está errada (chamada de instinto ou intuição). Isso tudo deve ser investigado dentro de você e, mais importante, diga a si mesma a verdade – mesmo que não seja conveniente, ou que não queira acreditar.

4. A diferença de idade importa?

A menos que você se importe. Nada tem significado além daquele que você atribui às coisas. Estereotipar os homens de acordo com a idade é tão ridículo quando classificá-los de acordo com a cor do cabelo ou pelo tamanho dos sapatos. Se você quer ser realmente irresistível, deixe todos os seus preconceitos sobre idade e comece a se interessar pelas pessoas por aquilo que elas realmente são.

5. Se uma mulher telefona para um homem depois do primeiro encontro, ele irá perder o interesse?

Os homens perdem o interesse quando notam desespero e carência. Então, se você está dando uma de desesperada e carente quando telefona, sim, ele perderá o interesse. Se você tem a ideia de que um relacionamento salvará você, sim, ele perderá o interesse. Se você tem de ligar em seguida porque está surtando e se considera uma "mulher forte e independente que não tem tempo para joguinhos" e precisa saber imediatamente se ele gosta de você ou não, sim, ele perderá o interesse. Se você não está manipulando nem está cheia de expectativas, provavelmente não. O truque é não mentir para si mesma. Também, não se esqueça que os homens são caçadores naturais que adoram uma boa caçada. Não lhes furte o prazer de seguir seus instintos masculinos.

6. Os homens gostam quando a mulher dá o primeiro passo?

Depende. Se você chega atirando como uma pistoleira, porque lá no fundo acredita que um relacionamento irá resolver todos os seus problemas, então a resposta é não. Se você é centrada, viva e irresistível, então a resposta é sim.

Se você cair matando em cima de um homem que tem uma "história" em que ele precisa ser o agressor, então isso pode ser um problema (e quem ia querer um cara assim?). Homens mais maduros, bem resolvidos e solteiros apreciam uma atenção feminina inesperada.

7. Os homens gostam quando uma mulher os convida para sair?

Alguns homens gostam e outros não. Como você aprendeu no resto do livro, regras não funcionam. O segredo para ser verdadeiramente irresistível é esquecer as regras e desenvolver a sua habilidade de olhar e ver o que é apropriado no momento. Use a sua ferramenta mais poderosa – sua intuição – para analisar caso a caso.

8. Os homens realmente preferem sair com mulheres magras?

Não. Os homens preferem mulheres atraentes e desejáveis de qualquer forma e tamanho. Alguns homens gostam de um pouco de carne extra onde eles possam pegar, alguns deles gostam de mulheres magras e esbeltas, e outros, de mulheres entre esses dois tipos. Não importa qual o seu tamanho, seja irresistivelmente você ao cuidar de si mesma por dentro e por fora.

9. Os homens gostam quando as mulheres dizem que querem ir para cama com eles?

Sim, sim, ó... sim. Dois avisos: (1) NÃO fale o que seus ex-parceiros sexuais costumavam fazer, e (2) NÃO fale com ele de uma forma condescendente, como se ele "já soubesse".

10. Os caras secretamente querem que nós os mudemos?

Não.

11. Funciona jogar duro para conseguir?

Não. Releia o **Capítulo 8**.

12. Como eu faço para que o meu namorado seja mais carinhoso?

Você não consegue. Os homens são "como são". "Ame-os ou deixe-os", querida (releia o **Capítulo 3**). Não perca seu tempo ou energia tentando mudar ou melhorar ninguém.

13. Quando é muito cedo para levar um novo namorado para conhecer os meus pais?

Não há uma regra que diz qual é o momento certo para "conhecer os pais". Contudo, a maioria das mulheres apressa essa situação porque faz muitos planos para o futuro e está tentando forçar um relacionamento a passar para o próximo nível. A melhor coisa para você, para ele e para a sua família é relaxar. Tentar pressionar as coisas porque você acha que ficará mais feliz e mais ligada a ele, se conhecer seus pais, é uma receita para o desastre. Se ele é realmente "o cara", conhecer as pessoas acontecerá muito naturalmente.

14. Como eu sei quando um homem não está interessado?

Se ele nunca ou raramente liga para você, ou quer que sempre ligue para ele; se ele nunca quer vê-la ou insiste para você ir vê-lo; se diz que está muito ocupado, se acabou de sair de outro relacionamento e precisa de tempo, se tem de resolver "questões íntimas", ou não quer transar com você, então pode ter certeza que ele não está interessado.

15. Eu posso perguntar para o meu namorado sobre as exs dele?

Sim, se você quiser se torturar. Perguntar sobre a ex só vai fazê-lo lembrar dela. Quando, e se, for o momento apropriado para falar de ex (seja dele ou seu), comunique-se com neutralidade e consciência. Tente escutá-lo de verdade e não fale mal do seu ex ou da dele. Até porque não é necessário desenterrar algo que já acabou. Mantenha a sua atenção no momento presente e descubra quem ele é no relacionamento com você.

16. O que um cara realmente acha quando você transa no primeiro encontro?

Tudo depende. Se você transou apenas para manipular a situação e criar sentimentos mais profundos, ou para fazê-lo gostar de você ou amá-la, ou fez isso porque estava bêbada, ele não vai pensar: "Nossa, mal posso esperar para levá-la para casa!". Os homens não são idiotas, eles sabem quando você está usando o sexo como uma ferramenta e irá continuar a farsa para poder transar de novo ou convenientemente esquecerá de ligar para você durante um mês ou dois até que queira transar de novo. De qualquer forma, ele irá dispensá-la em breve, classificando-a definitivamente na categoria de objeto sexual.

Quando você é objetiva e está centrada sem pensar que um relacionamento a salvará, sexo no primeiro encontro pode ser leve e divertido. No entanto, a maioria das mulheres ainda acredita em algum nível que um relacionamento irá salvá-la. Minha sugestão é que, quando estiver na dúvida, espere que as coisas aconteçam.

17. O que significa quando ele diz que "precisa de espaço"?

Significa que ele quer sair com outras mulheres ou, pelo menos, que você fique distante o suficiente para que ele tenha essa opção. Não cometa o erro de acreditar que ele é "diferente" por causa da carreira, família e problemas de saúde especiais (blá, blá, blá) dele. Um homem que realmente está interessado e sabe o quão fabulosa você é, não pensaria em ficar sem vê-la por semanas ou meses. Há muitos homens solteiros que estão loucos para ficar bem pertinho de uma garota irresistível como você.

18. Há alguma coisa que os caras não gostam de fazer na cama?

Com a possível exceção de trazer outro homem (e alguns caras heterossexuais aceitam isso), a maioria dos homens gosta de tudo. Você deve fazer a sua parte, ficando sempre cheirosa e limpa, e o mais importante, vocês devem iniciar uma exploração sexual divertida e uma descoberta mútua do que funciona melhor para vocês como casal.

19. O que significa quando um cara diz que ele "ama você", mas ele não está "apaixonado" por você?

Significa que ele quer cair fora, mas não tem coragem de dizer diretamente. Ele está tentando lhe dizer da melhor forma possível e não magoar ainda mais os seus sentimentos.

20. O que significa quando ele diz que "não está pronto" para um relacionamento sério?

Significa que ele não quer um relacionamento sério com você. Não se iluda ao ficar se relacionando e transando com alguém até que ele esteja "pronto". Corra, não perca tempo, e caia fora desse relacionamento, colocando a sua irresistibilidade de volta ao mercado.

21. Como posso ter certeza de que estou com o cara certo?

Você não pode. A menos que você invista completamente no relacionamento que você está hoje, você nunca saberá. Existe um provérbio que diz "A grama é sempre mais verde onde você a rega". Enquanto não começar a dar a atenção merecida ao seu atual relacionamento, você permanecerá no universo doloroso dos arrependimentos, pensando no que deveria ter feito ou não. Pare de hesitar e seja totalmente honesta, compassiva e ame a pessoa que está ao seu lado. O relacionamento pode ou não dar certo. Você não pode calcular isso em sua cabeça – você precisa é se comprometer por completo com seu coração. Somente assim você descobrirá a verdade.

Capítulo 13

E agora?

Meus parabéns, Miss Irresistível! Agora você descobriu os segredos para deixar todos os homens aos seus pés e possui as ferramentas para desfrutar de relacionamentos saudáveis e satisfatórios com os homens.

Na **Parte I**, você leu a introdução à Irresistibilidade e descobriu não apenas por que você precisa ser irresistível, mas qual o impacto poderoso que isso pode causar no mundo. Você também descobriu que relacionamentos são oportunidades espirituais e, embora eles possam ser gloriosos, ter um relacionamento não irá salvar ou completar você. Você também aprendeu que o agora é tudo o que você tem, os homens são como são e, embora nossa mente lute contra isso, o amor não tem garantias.

Na **Parte II**, você descobriu como quebrar as regras e jogar fora o seu ideal de Homem Perfeito. Aprendeu como se livrar daquela traiçoeira guerra dos sexos e como deixar no passado aquelas histórias que criou sobre si mesma, onde era defeituosa ou incompleta. Você descobriu que parar de reclamar ajudará a conhecer mais homens imediatamente e por que ter uma vida própria e mantê-la é a chave para ser centrada e irresistível em qualquer relacionamento. Finalmente, você explorou a ideia da embalagem perfeita e descobriu maneiras fáceis de tornar a aparência externa uma extensão irresistível da sua divindade interior. Lembre-se, você pode expressar o seu lado espiritual, emocional e sexual agora mesmo. Na verdade, esse é o segredo para uma irresistibilidade autêntica e duradoura. Você deve reconhecer que está inteira e completa nesse momento. Viva com esse pensamento. Além de ser estimulante libertar a sua vivacidade, esse é também um dom tremendo para o mundo. Ao permitir que a sua irresistibilidade própria brilhe, você concede que os outros façam o mesmo.

Agora que possui essa sabedoria toda, não guarde só para você. Conte a todas as mulheres que conhece que há outras possibilidades. Conte-lhes que não precisam manipular ou fazer joguinhos para conseguir o que querem dos homens. Diga-lhes que não precisam ser falsas ou ter estratégias para experimentar o amor, a atenção e a satisfação que tanto desejam. Quando você se deparar com uma mulher que está perdida e em busca de algo melhor, fale e compartilhe os ensinamentos contidos em *Deixe os homens aos seus pés*.

Você pode estar querendo saber o que aconteceu com aquele homem fantástico chamado Josh sobre o qual eu falei no início. Lembra, o cara que provavelmente passaria longe do meu homem ideal? Bem, há pouco tempo nós jantamos em nossa casa de praia em Sag Harbor, Nova York. Era final de verão, então a luz alaranjada do pôr-do-sol dançava sobre nossas taças de vinho enquanto as árvores suavemente sussurravam uma brisa quente. Era uma tarde como qualquer outra para nós, porque estávamos sentados com as pernas entrelaçadas sobre o sofá, comendo o que havíamos cozinhado em casa e assistindo a um filme. No entanto, aquela noite foi bastante especial. Logo depois que o filme começou, Josh silenciosamente colocou o prato e o copo de vinho de lado, e se ajoelhou. Ele sorriu, pegou a minha mão e me pediu em casamento.

Naquele instante, eu sabia que ele não estava pedindo uma mulher que tinha "seguido as regras" e o manipulado para que pedisse a mão dela em casamento. Eu sabia que ele não estava fazendo o pedido a uma mulher que tinha habilidosamente o pressionado a casar. Eu sabia que ele não estava fazendo do pedido uma invenção da cabeça dele, ou pedindo em casamento uma personagem que fizesse a esposa perfeita. Ele estava me pedindo em casamento – a real, imperfeita, algumas vezes doida, geralmente irresistível eu. A mulher que ri, chora, comete erros, adora queijo, é obcecada por arrancar fios de cabelo rebeldes com a pinça e faz um bolo de carne de siri horroroso.

Quando eu finalmente consegui falar, apertei a mão dele, olhei bem nos olhos e disse: "Sim, eu me casarei com você!". Esse foi um dos momentos mais doces e inesquecíveis da minha vida.

Isto significa que nós nos mudaremos para uma terra onde todos são felizes para sempre? Quem sabe, e bem francamente, quem se importa? Meu trabalho é ficar aqui e dizer a verdade – neste momento, e o futuro tomará conta do resto. O que eu sei é que ser honesta, compassiva e amorosa como eu consigo ser é o segredo da minha verdadeira irresistibilidade. Minha vida funciona quando o meu coração está aberto. Isso me mantém sã e centrada. Quando eu estou vulnerável, estou bonita. Quando sou expressiva e real sobre o que sou agora, sinto-me viva no fundo da alma. Eu estou conectada tanto a mim mesma como às pessoas ao meu redor.

Não importa o que você faça, não aprisione o seu coração. Sua capacidade de amar é maior do que você possa imaginar. Sua irresistibilidade é um dom. E sua vontade de amar e ser irresistível é um milagre que toca a todos nós.

Não se esqueça de fazer o download do seu *Guia da ação irresistível*, que inclui todos os exercícios deste livro, bem como um programa de treinamento em áudio com duração de 4 semanas que a manterá inspirada e em sintonia com a abordagem de *Deixe os homens aos seus pés*. Acesse agora mesmo o site www.makeeverymanwantyou.com/actionguide para obter gratuitamente esses recursos extras e muito mais.

Para conhecer outros produtos e programas de Marie, acesse www.marieforleo.com.

BACH, David. *O milionário automático*. São Paulo: Cultrix, 2005.

BACH, David. *Smart Women Finish Rich: 9 Steps do Achieving Financial Security and Funding Your Dreams*. Nova York: Broadway, 2003.

CHOPRA, Deepak. *As sete leis espirituais do sucesso: um guia prático para a realização dos seus sonhos*. Rio de Janeiro: Best-seller, 1994.

KANE, Ariel e Shya Kane. *Working on Yourself Doesn't Work: A Book About Instantaneous Transformation.* Nova York: McGraw-Hill, 2009.

KATIE, Byron e Stephen Mitchell. *Loving What Is: Four Questions That Can Change Your Life.* Nova York: Three Rivers Press, 2003.

TOLLE, Eckhart. *O poder do agora: um guia para a iluminação espiritual.* Rio de Janeiro: Sextante, 2002.

WOODALL, Trinny e Susannah Constantine. *Esquadrão da moda.* São Paulo: Globo, 2005.

Marie Forleo é uma empresária dinâmica que ensina as pessoas a serem totalmente autênticas, expressivas e ativas através do poder do agora. Palestrante experiente, com uma abordagem do tipo "faça a coisa certa", possui um estilo que atrai uma audiência amplamente diversificada. Rompendo os moldes tradicionais, iniciou uma carreira multifacetada como escritora, palestrante, consultora sobre estilo de vida, dançarina/coreógrafa e profissional de fitness.

Seu trabalho já apareceu nos periódicos *The New York Times*, *Shape Magazine*, *Health & Fit* e nos sites CNN.com, Forbes.com e HSN, e Marie tem concedido inúmeras entrevistas em rádio e TV. Como dançarina/coreógrafa e profissional de fitness, ela trabalha para empresas conhecidas como MTV, VH1 e Nike, e tem parceria com as mais famosas revistas femininas, como *Self*, *Women's Health* e *Prevention Magazine*; além disso, possui quatro vídeos de fitness campeões de vendas e orgulha-se de ser uma instrutora Master e atleta de elite da Nike.

Os clientes de Marie incluem empresários milionários, executivos, profissionais criativos e mães donas-de-casa que querem atingir a excelência e o bem-estar para a mente, o corpo e a alma.

Marie nasceu e cresceu em Nova Jersey, e atualmente divide o seu tempo entre Nova York e Hamptons com Josh, seu ator favorito, e Zane, seu mais novo ator favorito.

Cansada de beijar sapos na busca pelo seu príncipe encantado?

Madeleine Lowe

O livro *Pare de Beijar Sapos* segue a mesma linha do *Deixe os homens aos seus pés...* descubra como encontrar o seu príncipe encantado e deixar os sapos bem longe do seu caminho.

Pare de Beijar Sapos está cheio de dicas e de conselhos úteis sobre o que você precisa saber a respeito de si mesma, dos homens e do amor – para que, assim, possa ter a chance de encontrar um relacionamento verdadeiro e duradouro. Este guia para relacionamentos bem-sucedidos é animado, divertido e estimulante. Ele ultrapassa o superficial e revela uma visão franca, aberta e atual dos relacionamentos. Além disso, aborda as maneiras de trilhar seu caminho em busca de um final feliz. Saia do brejo e vire a princesa que você merece ser!

HR Gráfica e Editora

Rua Serra de Paracaina, 716 – Moóca - São Paulo – SP – CEP 03107-020
Fone/Fax: (11) 3341-6444 - Email: vendas@hrgrafica.com.br
www.hrgrafica.com.br